それでも あなたは美しい

オードリー・ヘップバーンという生き方

再生版

私たちには生まれたときから

愛する力が備わっています。

それは筋肉と同じで、

鍛えなくては衰えていってしまうのです。

Audrey Hepburn

1929.5.4 - 1993.1.20

CINEMA

序章 ◇◇◇ 美しく強いヴェール

オードリー・ヘップバーン。

「永遠の妖精」として世界中から愛された女優。

現代でも二十世紀最高の美女、最高の女優、といったリサーチがあれば、必ずトップにランクインする人。

たとえば『ローマの休日』でのショートカットに細いウエストの溌剌《はつらつ》としたオードリー。あるいは『ティファニーで朝食を』での、ジヴァンシーのリトルブラックドレス姿のオードリー。

いくつものイメージが多くの女性たちを虜にし続け、多くの女性誌がオードリーの特集を組み、女性たちはますますオードリーへの憧れを募らせる。

オードリー、あまりに美しいオードリー。美しいだけではない。数々の映画で栄光を手にし、結婚もし子どもも産み、晩年はユニセフの活動に専念した。

完璧な人生。

オードリーは多くの女性たちの、こんなふうに生きられたらという、そう、最高のロールモデルと言っていいだろう。

けれど、オードリー自身はそう思っていなかった。

その美しさを褒められると、いつだって居心地悪そうにした。具体的に「世界一美しい目の持ち主ですね」と言われたりしたら、「いいえ、世界一美しい目のメイクなのです」とメイク担当者の技術を褒めた。

出演した映画について褒められると、自分の演技力はまだまだ未熟だから、成功したのだとしたら、それは周囲で支えてくれた人たちの力なのだと言った。

ほかのことに関しても、「わたしがこれをしたのよ」「あれはわたしの仕事」と言ったことがなかった。晩年にユニセフの仕事をしていたときにも、つねに「わたしができることはほんのわずかしかありません」としずかに言い続けてきた。

ここで重要なのは、これはポーズとしての謙遜ではなく、オードリーが本当にそう思っていた、ということだ。

たとえば美しさについていえば、オードリーには容姿についてのコンプレックスがあった。

顔が四角い、鼻が大きい、歯並びが悪い、痩せすぎている、胸がない、背が高すぎる、足が大きい……。

このコンプレックスは年齢を重ねるにつれて薄まってはきたけれど、若いときは、本当に悩んでいた。そして悩みを克服するために研究を重ねた。欠点を隠すのではなく、欠点以外のところに磨きをかけるという方法を彼女は選んだ。似合うメイク、似合う服、似合う色を研究し、「自分だけの美の掟」を作った。それでもずっと思い続けていた。私は美しくなんかない、と。

たとえばオードリーは演技力に自信がなかった。もともと女優を目指していたわけではなく、きちんとした演技指導を受けていなかったからだ。撮影時はいつも不安だった。そして不安を克服するために彼女はひたすらに努力をした。それでも映画に出れば出るほどに不安は大きくなる一方だった。演技というものを知れば知るほど、自分の未熟さを痛感していた。

たとえばオードリーは愛情に飢えていた。幼いころ、両親の離婚で傷ついていたし、親からの愛に飢えていたから抱きしめてくれる人を求めてさまよった。そして幸せな家庭に憧れた。そんなオードリーにとって二度の離婚は、人生における手痛い打撃だった。愛しても愛しても、応えてくれない男たち。幼いころからの愛情に対する飢えは、何度恋をしても、結婚をしても、子どもを産んでからもずっと続いていた。

晩年、ユニセフの活動に心血を注いでいたときも、自分の非力さを嘆いていた。もちろんできることは精一杯やった。それでも多くの子どもたちが苦しんでいるのに、小さなことしかできない自分という存在を、嘆いていた。

それでも、オードリーは美しかった。

そこにいるだけで、場の空気をオードリー色に染めてしまう、そんな美しさがあった。

コンプレックスがあり、自信もなく、愛に飢え、それゆえに傷つき、ユニセフの活動では悲しみで胸いっぱいにしていたのに、なぜあんなに美しく凛とした人であったのか。

ヴェールを身にまとっていたから。私はそう考える。

それは、彼女の悩み苦しみ悲しみすべてを覆い隠すほどの強いヴェールであり、六十三年の人生、彼女がそれを脱いだことは一度もなかった。

そのヴェールとは何か。
私は私なりにそのヴェールに名をつけた。シンプルな熟語だ。
終章のラスト、読者の方々は、そのヴェールにどんな名をつけるだろうか。
私と同じ言葉だろうか、似た言葉だろうか、それともまったく違った言葉だろうか。

オードリーの人生は、はっきりと、美しい。
本人がどんなに、そんなことない、と謙遜しようとも、美しい。
とくに人生の終盤は、胸うたれないではいられない。

オードリーの人生をともに歩き終えたとき、読者の方々に、オードリーがほんとうに伝えたかったことのかけらが残せたなら、私はとても嬉しい。

1章 どうしても失いたくないものは何ですか？

わたしは半分アイルランド人で半分オランダ人、それでベルギー生まれです。
犬にたとえれば、とんでもない雑種です。

涙でぬれた幼少時代

オードリー・ヘップバーンは、一九二九年五月四日、ベルギーのブリュッセルに生まれた。

母親のエラはオランダ貴族の由緒ある家柄の出身。結婚して二人の息子を産むが、五年後に離婚、翌年にジョセフ・ヘップバーン＝ラストンと再婚した。ジョセフも離婚したばかりで、再婚同士だった。このふたりの間に生まれたのがオードリー・ヘップバーン。

少女時代のオードリー。
この笑顔のかげに両親の不和への傷があった。

父親はアイルランド人で母親はオランダ人だったが、二人とも法律上はイギリス国籍だったため、オードリーもベルギーのイギリス領事館によってイギリス人と認定された。


自伝を書くとすれば、書きだしはこうなるでしょう。

わたしは一九二九年五月四日に生まれて、三週間後に死にました。


生後二十一日目に激しい咳の発作で心臓が停止してしまった。母親エラは当時、信仰の力で病が治ると信じるクリスチャン・サイエンティストだったため、医者を呼ばずに、オードリーのお尻を叩いて蘇生させた。

オードリーの幼年時代はイギリスのロンドン、ベルギーのブリュッセル、オランダのアルンヘム、ハーグなど、各地を転々とする生活だった。

異父兄二人とは仲が良く、乳母や家庭教師もいて、不自由はなかったが、はっきりと、「不幸」だった。

なぜなら、両親は仲が悪く、激しい喧嘩を繰り返していたからだ。

両親の不和は子どもにとって最悪の不幸であるといわれる。子どもの成長の過程でマイナスの影響を与えると。

オードリーも例外ではなかった。

両親の怒鳴り合いが聞こえはじめると、オードリーは家を飛び出し、恐ろしい争いの声から耳をふさいだ。外に出られない時間帯には、テーブルの下に隠れて耳をふさいだ。

どちらの味方にもならずに、争いに巻き込まれないことで自分を守る。それが、幼いオードリーが選んだ自衛の手段だった。

この幼児期の体験はオードリーの性格を穏やかなものに形づくっていった。自分の周りに壁をつくる、というやり方で、周囲の人々との争いを避けるようになったのだ。

後年、オードリーが、他人に対して声を荒げたり怒鳴ったりするのを聞いた人はいない。

もともと内向的だった性格が、成長するにつれ強まっていることを心配した母親は、五歳のオードリーをイギリスの寄宿学校に入れた。

母親エラの子育ては厳格だった。


「時間を守りなさい」

「どんなときも、自分よりも周囲を優先しなさい」

「自分のことばかり話してはいけません。あなたはけっしておもしろい話題ではありませんから。大切なのは、周りの人たちです」

「まっすぐに立ち、背筋を伸ばして座りなさい」

成長してからは次のことが加わった。

「お酒と甘いものは限度をわきまえて楽しむこと」

「煙草は一日に六本までにすること」


母親の話をするとき、オードリーは母親の教育方針の正しさを強調した。

一方で寂しさをかかえていたことも告白した。

わたしの母はすばらしい母親でしたけれど、子どもに対してとても厳しい人でした。

溢《あふ》れるほどの愛情をもっていたけれど、それを表現しない人でした。

わたしは優しく抱きしめてくれる人を探して家じゅうを歩きまわり、叔母や乳母に手をのばしたものです。


母親から与えられないぬくもり、抱擁にオードリーは飢えていた。父親にそれを求めようとしたが、かなわなかった。父親が家を出てしまったのだ。

一九三五年五月、オードリーが六歳になったばかりのことだった。


父に捨てられたことは、わたしの一生で最もショッキングな事件でした。


大げさな言葉ではない。

同じ家を出るでも、出るときの愛情表現、出たあとの行動によっては、ショックは和らいだかもしれない。けれど父親は二度と、自分からはオードリーの前に姿をあらわさなかった。

父を尊敬していたから、むしょうに父と会いたかった。
定期的に会うことさえできたら、父に愛されている、
自分には父親がいると感じることができたと思います。
わたしはいつも泣きながら家へ帰ったものです。
みんなにはパパがいたから。

さびしいときはとにかく食べた。食べることでさびしさをまぎらわした。
「口に入るものならチョコレートでもパンでも、何でもよかったのです。爪まで噛んでいました」
過食症、拒食症等の摂食障害については、オードリーの生涯を通じて見解が分かれるが、少なくとも、幼いころにはあったようだ。

バレエとの出会い

父親に会えない悲しみからオードリーを救ったのは、バレエだった。学校でバレエに目覚めた。教師もオードリーの才能に着目し、オードリーはレッスンに励んだ。

しかし、時代が悪かった。

一九三九年九月、ナチス・ドイツがポーランドに侵攻、イギリスがドイツに宣戦布告、第二次世界大戦がはじまった。

母親のエラはイギリスにいることは危険だと判断し、オランダに戻ることにした。移り住んだ先はオランダのアルンヘム。二人の義兄が一緒だった。エラはアルンヘムが安心だと考えたが、大きな誤算だった。アルンヘムはドイツ国境近くに位置していたから危険度も高かったし、どちらにしてもやがてオランダはドイツに併合されてしまう。

肝心なのは、生きのびた、ということ

ドイツ占領下の生活は過酷だった。オードリーの一家も、ほかの家と同じように食料と燃料の不足につねに悩まされていた。一家はもともと貧乏貴族だったが、財産はすべて没収された。

そして、思春期にさしかかったオードリーは悲惨な光景の「目撃者」となった。

プラットフォームでドイツ兵が多くのユダヤ人家族を追い立てている。小さな子どもたちを連れた多くの家族。「男はこっち、女はあっち」といいながら、家族を引き離す。次に赤ちゃんを取りあげて別の貨車に乗せる。オードリーは彼らの死への旅立ちを見送った。

また、若い男たちが壁の前に立たされて射殺される場面も見た。オードリーは後年何度も繰り返して言った。

ナチスに関しては、聞いたり読んだりする恐ろしいことを

割り引いて考えてはいけません。
それは想像をはるかに超える恐ろしいことなのです。

また、有名になってから『アンネの日記』の映画化にあたって、アンネの役を何度か頼まれるが断っている。アンネの父親オットー・フランクが直接オードリーに会いに来たが、それでも彼女は引き受けることができなかった。

アンネ・フランクとわたしは同じ年に生まれ、
同じ国に住み、同じ戦争を体験しました。
彼女は家のなかに閉じこもり、わたしは外出できた
ということだけが違っていました。
アンネの日記を読むことは、わたし自身の体験を
アンネの観点から読むことに似ていました。
はじめて日記を読んだとき、わたしの胸は引き裂かれました。

あまりにも自分自身の体験と重なるため、それを演じることができない。心身が耐えられないと判断したのだ。

ずっと「アンネ」を避けていた彼女が、ようやくそれを演じることができたのは、晩年、感動的な「朗読」というスタイルだった。

オランダでもほかの国同様、ナチスへのレジスタンス（抵抗運動）が組織された。オードリーもこれに積極的に協力した。子どもたちは学校の行き帰りなど、大人に比べて自由に動きまわることができたから、たとえば、オードリーもレジスタンス地下組織へのメッセージを、靴のなかに隠して運んだ。

そして、占領下でも日常生活は続く。

自由がなく、食料もなく、将来も闇につつまれたオードリーの唯一のなぐさめは、バレエだった。

母親エラは、徹底したバレエ・ママだった。娘のそばから離れず、あれこれと指示し、周囲から煙たがられても平気だった。

一九四一年七月、オードリー十二歳。バレエ・スクールの公演で好評を博した。ある批評家は書いた。「オードリー・ヘップバーンは十二歳という若さにもかかわらず、その際立った個性と演技によって注目を集めた」。

戦争は続いていたけれど、オードリーは夢をもち続けた。

わたしはバレリーナになりたかったのです。

オードリーのバレエの才能は、レジスタンスとも結びついた。

誰かの家でひそかにバレエ公演を行い、レジスタンスの資金集めをしたのだ。

ひそかなバレエ公演は、ドアに鍵をかけ、鎧戸《よろいど》を閉め、ドイツ兵を警戒する見張りを立てて行われた。

集まっていることをドイツ兵に知られてはならなかったから、拍手喝采は厳禁だった。無言のカーテン・コールのあとで帽子がまわされ、オードリーたちが稼いだお金がナチスと闘うレジスタンスの活動を助けた。

オードリーの秘密公演は、食料不足でオードリー自身の体力が弱り、歩くことさえ困難になる戦争の末期まで続けられた。

一九四五年五月、オードリー十六歳。戦争が終結し、オランダが解放された。

わたしたちはすべてを失いました。家も、家財も、お金も。でもそんなことはどうでもいいのです。肝心なのはただひとつ。わたしたちは生きのびた、ということです。

戦争が終わったとき、オードリーはすっかり健康を害していた。

解放日の記憶でオードリーが鮮明に覚えているのは、七枚のチョコレート・バーだった。オランダ解放後にやってきたイギリス兵からそれをもらったとき、オードリーは一気に食べた。そしてすぐに吐いてしまった。胃が受けつけなかったのだ。その後、アンラ（連合国救済復興機関、ユニセフの前身）から食料が届いたが、オードリーの弱り

『初恋』で若きバレリーナを演じた。戦争で害した健康を取り戻しつつあるころ。

きった身体は、豊かな食物を受けつけなくなっていた。

身長一六八センチ、体重は四十一キロ。五年間の苛酷な生活で、栄養失調はもちろんのこと、喘息《ぜんそく》、黄疸《おうだん》、貧血、水腫《すいしゅ》にかかっていた。

オードリーは戦争を経験して、こんな言葉を残している。

戦争を経験すると、死や貧しさ、危険などについて学び、安全な暮らしの大切さや、それが「突然失われることもある」という現実を痛感させられます。

そして、「どうしても失いたくないもの」は何なのか、真剣に考えるようにもなります。

戦争によって、逆境に負けない強靭《きょうじん》さが身につきました。

また、戦争が終わって戻ってきたもののありがたみをつくづく感じました。

食料、自由、健康、家庭、そして何より人の命に、深い感謝の念を抱いたのです。

不幸な体験はわたしの人生に積極性を与えてくれました。

Message from Audrey

つらい体験であっても、そこから学べるものをピックアップする

戦争などというものは、体験しないでいられれば、それにこしたことはない。

オードリーは多感な思春期に戦争を体験してしまった。けれど彼女はただおびえ、悲運を嘆いていただけではなかった。レジスタンスに関わる勇気さえもっていた。この勇気、正義感は彼女の生涯を通じて貫かれ、晩年のユニセフの活動で花咲く。

そして、戦争を経験したことによって、自分は何を得たのか、マイナスのことを体験したことによって得られたものは何か、と考えることによって、その体験を「活かす」ことができた。

どうしても失いたくないものは何なのか、真剣に考えるようになった。

人の命に対して深い慈しみをもつようになった。

逆境に負けない強靭さを身につけることの重要さを知った。

オードリーにはマイナスの事柄からも、人生の要点を「学ぶ」強さがあった。

2章 チャンスを逃してはいませんか？

バレリーナへの夢

母親のエラは立ち直りの早い性格だったが、今回も廃墟のアルンヘムに見切りをつけると、オードリーのバレエのキャリアに没頭すべく、アムステルダムに移った。オランダ・バレエ界の第一人者、ソニア・ガスケルに師事するためだった。ソニアはすぐにオードリーの才能を認めた。

ソニアから学んだものは大きかった。

彼女は勤勉精神を教えてくれました。
疲れていても不平を言わない。

踊る前の晩は外出をしない。
一生懸命にやれば必ず成功する。
そして「すべては内面からほとばしり出るものでなければならない」と。

ほぼ三年間、ソニアのもとでバレエを学んだ後、ロンドンの有名なバレエ・スクール、「マリー・ランバート」のオーディションを受けて、奨学金つきの入学を許可された。しかし、渡航費と当面の生活費がなかった。まず、母と娘はお金を用意しなければならなかった。

そこでオードリーは『オランダの七つの教訓』という映画のスクリーン・テストを受けた。その場で採用された。端役《はやく》で、映画も話題にならなかったが、これがオードリー・ヘップバーンのスクリーン・デビューとなった。

映画の他にもモデルやショー・ダンサーの仕事をしてお金を稼いだ。

一九四八年の後半、オードリー十九歳。ようやくイギリスへ渡った。

あなたはプリマ・バレリーナにはなれない

バレエ・スクールのマリー・ランバートはイギリスのバレエの歴史を語るときにはずせない伝説的人物だ。

オードリーが彼女と会ったとき、彼女は六十歳だった。

オードリーはレッスンに励んだ。けれど自分がバレリーナに向いていないのではないかという想いは、日々強くなっていった。背が高すぎたからだ。

二十歳になっていた。師であるマリー・ランバートは、ある日、オードリーに言った。いたわるように、しかし、きっぱりと。

「あなたは、わたしが教えたなかで最高に優秀な教え子のひとりよ。セカンド・バレリーナとしてキャリアを積むことはできるでしょう。バレエ学校で教えて生計も立ててゆけます。けれどプリマ・バレリーナにはなれないわ」

戦争中に苛酷な日々を送り充分な栄養を摂ることができなかったので筋肉の発達が阻害されてしまっていた。そのうえ、その時代の男性バレリーナと組むには背が高すぎた。

オードリーにとって尊敬する師の言葉は、大きなショックだった。

「私の夢はどうなるの？」

オードリーに生きる希望を与えていた夢が消えてしまったのだ。

けれど、くじけなかったし、くじけている状況でもなかった。生きてゆかなければならない。生活費を稼がなければならない。

オードリーは他の道を模索しはじめた。いったい自分には何ができるのか。

オードリーには、自分を客観視できる能力があった。のちにも言っている。

自分を客観的に見なくてはなりません。

自分を一種の道具とみなして、何をすべきか決めるのです。

ダンサーとして、モデルとして、女優として

バレリーナ以外の道を探しはじめたオードリーは、ミュージカルのオーディションを受けて端役で出演したり、商業写真家のモデルになったりして、収入を得た。

このころからオードリーはファッション雑誌を熱心に読むようになった。自分の長所を引き立てるにはどうすべきか研究したのだ。研究結果は次の通り。

黒と白、ベージュやピンクのような中間色は、わたしの目や髪を引き立てる。
鮮やかな色は、わたしの顔を色褪せてみせる。
丸みのない身体つきだからパッド入りの角ばった服は着られない。
肩幅を広くみせないために、襟もとを工夫する必要がある。
身長を高く見せないように、大きな足が目立たないように、ローヒールの靴をはく。

このころのオードリーを知る人は言う。

「彼女はスカートとブラウスを一枚ずつ、靴を一足、ベレー帽も一つしかもっていなかったけれど、十四枚のスカーフをもっていました。彼女がそれを毎週どんな風に着こなしていたか。小さなベレー帽をあみだにかぶったり、左右に傾けたり、二つに折ってとても不思議なかぶり方をしたりしていました。彼女には着こなしの才能がありました」

続けて二つのミュージカルに出演。業界誌がオードリーに注目しはじめた。

一九五〇年前半、オードリー二十一歳。『ピクチャーゴーワー』は、オードリーを次のように評している。「独自のスタイルをもった心をうつ若い女性、並々ならぬ演技力と、写真映りのよさに恵まれている」。

とにかく必死だった。目の前のハードルを最大限に美しく飛びこえることに必死だった。

いま思うと、二十歳のころは無我夢中でした。
自分が何をやっているのか、さっぱりわからなかったって言っていいくらいです。

それでも、何かをなそうとはしていた。

わたしはいつも、頭のすぐ上にあるものに手をのばしてきました。それがつかめたのは、わたしがつかむチャンスを逃さなかったから、そしてものすごく頑張ったからだと思います。何でも簡単には手に入らないのです。

女優の仕事をしているバレリーナ

このころオードリーにはじめての恋人ができた。相手はミュージカルに出演していたフランス人の歌手、マルセル・ル・ボン。楽屋は結婚の噂で大いに賑わったが、この恋は短命に終わった。

収入を得るには映画がよいということで、オードリーは演技の勉強をはじめた。『天国の笑い声』、『若妻物語』、『ラヴェンダー・ヒル一味』に端役で出演。映画はそれほど話題にならなかった。オードリーに将来のスター女優を見る人もいれば、女優としては成功しないだろう、と見る人もいた。
バレリーナが女優の仕事をしている、と見られていることをオードリーは知っていた。

仕事の上で経験が不足していることは知っていました。けれど、少なくともわたしは、与えられたことができるようなふりをしたことは、一度もありません。

映画の端役をもらって少しでも余分にお金が入ると、すごく嬉しくて。だから映画の世界に入りました。仕事がすばらしいと思ったからじゃなくて、生きるためのお金が必要だったからです。

生涯を通して、オードリーは言っている。女優になりたくてなったのではなく、生活するための手段としてその仕事を選んだのだ、と。

六つ目の映画となる『初恋』で、準主役の役を与えられた。バレエ学校の生徒で、最後にはすばらしいバレリーナになるという設定だった。オードリーにぴったりの役だった。この映画ではじめて、主役二人の名前のすぐ下に名前が出た。

そして次の映画でオードリーの運命が大きく、動く。

最初の幸運

次の映画は『われらモンテ・カルロに行く』。この映画で主役を演じたという意味ではない。十分ちょっとの出演だった。

ある午後、モンテ・カルロのオテル・ド・パリのロビーで映画の撮影が行われた。そこを車椅子に乗った老齢の女性が通りかかった。彼女の目は一人の若い女性に釘付けになった。その若い女性は隅のほうで仲間と踊ったり笑ったりしていた。車椅子に乗った老女は言った。

大作家コレットと本読みをするオードリー。コレットの信頼は厚かった。

「見て！ わたしのジジがいるわ！」

老女は有名作家のコレットで当時七十八歳。

コレットの代表作のひとつ『ジジ』をニューヨークのブロードウェイで上演する企画があった。すべてが整えられたが、肝心の主役だけが決まらないでいた。

主役のジジは強い意志と無邪気さをあわせもつ、魅力的な娘。この役に無名の女優をあてたくて、制作側はスカウト・チームを作って、ハリウッドからヨーロッパまで「ジジ探し」をしていた。しかし、なかなか見つからずに二年が経過していた。

コレットはオードリーを見た瞬間に、あまりにもイメージ通りなので驚いた。

それでもオードリーには自信がなかった。演技の経験がなさすぎる。それをコレットに伝えた。するとコレットは言った。

「でも、バレエの経験はあるでしょう。バレエのレッスンの厳しさを知っているのだから、一生懸命やればできるわよ。わたしはあなたを信じるわ」

プロデューサーのギルバート・ミラーは乗り気ではなかった。オードリーがジジのセリフを読むのを聞いてみたところ、まったくの素人だったからだ。ところがコレットが譲らなかったので、オードリーと契約、同時に本格的な訓練が開始された。

オードリーの生活は一変した。

インタヴュー、衣装合わせ、さまざまな法律上の手続き……。ロンドンの新聞は、無名の女優がブロードウェイの大スターになるかもしれない、と書きたてた。

二つ目の幸運

このころ、オードリーの知らないところで、二つ目の幸運が準備されつつあった。『ローマの休日』という名の幸運だった。

監督はウィリアム・ワイラー。この映画の成功の鍵を握るのは王女役だった。

ワイラーは言う。「王女役にはアメリカ訛りのない女優、王女として育ったと信じられるような女優が欲しかった」。ワイラーは『初恋』でオードリーに目をつけていた。

映画会社のロンドン制作部長は『天国の笑い』でオードリーに目をつけていた。

本人の知らないところで、重要な人物が、オードリーを発見していたのだ。

オードリーのスクリーン・テストが行われることになった。

一九五一年、九月十八日、オードリー二十二歳の秋。『ローマの休日』のスクリーン・テストが行われた。テストの監督は『初恋』で一緒に仕事をしたディキンソンだった。

ワイラー監督は立ちあわなかったが、ディキンソンにある指示を出していた。それは、「カット」のあとも、カメラを回し続けるように、というものだった。

ワイラー監督はありのままのオードリーを見たかったのだ。

王女がベッドに身を投げ出すシーンが終わると、「はい、もうベッドから降りていいよ」とスタッフから声がかかった。けれどオードリーは動かずに言った。「まだ、カットという声がきこえません」。するとまたスタッフの誰かが「カット」と言った。けれどオードリーは動かずに言った。「ここにはカットと言う資格のある人は一人しかいません」。それから彼女はくすくす笑った。ディキンソン監督が笑いながら「カット」と言った。ようやく彼女はベッドの上に起き上がってにっこりと笑った。

「いかがでした？　これでよかったかしら？」

すべてカメラにおさめられた。

ワイラー監督は言う。

「彼女はわたしが求めていたものをすべてそなえていた。かわいらしさ、無邪気さ、そして才能、その上ユーモラスでもあった。彼女は文句なしに魅惑的だった」

その上、頭がよかった。オードリーはカメラが回っていることを見抜いて、カメラに向かって、「カメラが回っていることに気づかない演技」をしていたのだ。

『ローマの休日』、相手役のグレゴリー・ペックと。
キュートなショート・カット、ブラウス、スカート……
世界中の女性がオードリー・ルックを真似した。

チャンスなんて、そうたびたびめぐってはきません。
だから、いざめぐってきたら、とにかく自分のものにすることです。

オードリーを採用することを決めた映画会社から次のような要望があった。
「キャサリン・ヘップバーンとの混同を避けたいから、ヘップバーンという名を変えてほしい」
オードリーは言った。

わたしを望むのなら、名前ごと受け入れてください。

『ジジ』の公演終了後に『ローマの休日』の撮影をはじめることが決まった。

すがりつかない強さをもつ

『ローマの休日』のヒロインに抜擢されたことは、幸運そのものだった。女優志望の女性たちにとっては、どんなことをしても手に入れたい役だった。

映画会社から何か要望があれば、それを受け入れて当然の状況と言っていい。けれど芸名を変えるように要請があったとき、オードリーは迷わず拒否した。「名前ごと受け入れてください」。そうでなければ、ヒロイン役もいらない、という態度。結局、映画会社はオードリーを名前ごと受け入れた。

オードリーはヒロイン役に対して熱意がなかったわけではない。大きなチャンスだという自覚はあったし、やる気ももっていた。けれど、やみくもにすがりつかなかった。ひたすら頼りにするということをしなかった。その姿勢が、大きな強みとなった。「やる気がある」ことと「すがりつく」ことは、まったく違う。

3章 自分自身についてどのくらい知っていますか？

新しい恋人

一九五一年の十月、オードリー二十二歳。ニューヨークに向かう船に一人で乗った。母親エラと婚約者のジェームズ・ハンソンにさよならのキスをして。

婚約者ジェームズ・ハンソンとは『ラヴェンダー・ヒル一味』の撮影が終わった直後、一九五〇年に出会っていた。ハンソンはオードリーよりも七歳年上、裕福な実業家の跡継ぎで社交界の名士だった。

ハンソンは言う。

「われわれは出会ってすぐに恋におち、数ヶ月後に婚約しました。彼女は一人の男に忠実な女性でした」

婚約者のジェームズ・ハンソンと。
お互いに好きだったけれど、時期が悪かった。

けれど、結婚に関して、オードリーは最初のころほど積極的ではなくなってきていた。ブロードウェイとハリウッド、両方のヒロインになろうとしている時期。無理もなかった。

魅力的な新人女優の誕生

オードリーは原作者コレットの忠告通りに一生懸命にレッスンをしたが、やはり舞台経験がないために、なかなかうまくいかなかった。プロデューサーのミラーはオードリーをクビにしようとしたくらいだ。代役が見つからなかったからオードリーで続行されたが、ミラーにはオードリーの良さがまったくわからなかった。

オードリー本人はもちろん、スタッフ全員が不安を抱えたまま初日を迎えた。

ところが驚いたことに、批評はベタ褒めだった。「今年最大の演劇界の掘り出し物」、「すばらしく軽快な演技は、第一級の女優であることを証明した」「文句のない美しさと才能の持ち主」……。

プロデューサーのミラーは別人のようになり、オードリーを褒め称えた。劇場入り口のネオンサインも変更された。

「『ジジ』出演　オードリー・ヘップバーン」から「オードリー・ヘップバーンの『ジジ』」と。

オードリーのコメントは控えめだった。

バレエのレッスンの厳しさに慣れていなかったら、『ジジ』の途方もないレッスン量にはとても耐えられなかったでしょう。はじめて舞台で主役を演じるというのに、三週間しか時間がなかったのですから。

わたしはダンサーと女優の中間といったところです。

まだ学ばなくてはならないことばかりです。

婚約解消

オードリーの婚約者、ジェームズ・ハンソンも彼女の成功を喜んだ。

彼は『ジジ』のプレミアのためにオードリー本人に内緒でニューヨークを訪れて彼女を驚かせた。そしてオードリーにダイアモンドの指輪を贈り、二人は正式に婚約した。結婚式の日取りは明らかにされなかったが、一九五一年十二月四日号の『ロンドン・タイムズ』の結婚予定欄に載った。

一九五二年、オードリー二十三歳。『ジジ』は大好評のまま、五月の末にブロードウェイでの二一七回の連続公演を終えた。

休む間もなく、『ローマの休日』の撮影に入った。

この撮影が終わったのが九月。撮影が終わり次第、オードリーとハンソンは結婚式を挙げる予定だった。けれど、オードリーは再び『ジジ』の、今度はアメリカ地方巡業に出かけなければならなかった。

母親のエラが娘のキャリアを考えて婚約解消を勧めた。『ローマの休日』の映画会社も婚約解消を勧めた。『ローマの休日』公開前に彼女は婚約解消を発表した。
オードリーは結婚には慎重だった。両親の不幸な経験を繰り返すまいと決意していた。

仕事にも恋をしているのに彼と結婚するのは、彼に対してアンフェアだと感じたのです。

結婚したら、少なくとも一年間は仕事をすべてやめて奥さん業に専念したかったのです。

けれど、いま仕事をやめることはできない。
二人の別れは円満だった。賢明な二人は友情を残したのだ。
オードリーには、彼女が何を選ぼうとも、それは彼女にとって正しいことなのだと人に思わせる独特の素質があった。状況をあらゆる点から検討すると、即、実行に移す。

きっぱりと決断する人だけが成功するのです。

分析してうまくいかないことはすぐにやめる。ごまかしは嫌い。お世辞も嫌い。

お世辞からは何も生まれません。

好かれることは好きだけれど、好かれるための努力などはしない。衝動では動かない。どんな行動もどんな発言も、前もって熟考されたもの。どんなときも、ブレがなかった。そして、仕事だけに生きるつもりはなかった。

わたしの最大の願望は、いわゆる
キャリアウーマンにならずにキャリアを築くことです。

スター誕生

一九五三年八月、オードリー二十四歳の夏。『ローマの休日』が公開された。

世界中がオードリーに恋をした。

清純でコケティッシュで、細身の少年のような身体、小鹿のような瞳、さわやかな妖精に人々は夢中になった。

日本、ヨーロッパ、アメリカでオードリーの人気が沸騰した。

特に日本では現在でも人気の高い映画だが、当時も製作費の三分の一を日本だけで回収するほどだった。

世界中の女性たちがオードリーに憧れ、オードリー・ルック（髪型やブラウスから目の使い方まで）の真似をした。


若き上院議員ジョン・F・ケネディも好きな映画は『ローマの休日』、好きな女優はオードリーだと公言した多くの人々の一人だった。

公開されたばかりの九月七日号の『タイム』は、オードリーを表紙にとりあげた。これは事件だった。公開直後でしかも無名のスターが表紙を飾るなんてはじめてのことだった。

メル・ファラーとの出会い

一九五三年七月、オードリーはあるパーティーで未来の夫に出逢った。

メル・ファラー。一九〇センチ近い身長に整った顔立ち。本格的な俳優であり、舞台演出家であり、映画監督でもあった。そして二度の離婚経験者で、四児の父親だった。

二人は惹かれあった。

オードリーと会ったときの第一印象をメルは語っている。

「なんて無邪気で率直な人だろう、と思いました。彼女は優しくて、繊細で、敏感でした。それでいて元気溌剌としているのです」

一方、オードリーはメルのどこに惹かれたのか、とたずねられて次のように語っている。

彼はわたしの目をじっと見ました。

そして、その目でわたしの心に入りこんだのです。


それでもオードリーは、当分の間、結婚しないつもりだった。


わたしは仕事の妨げになるからという理由で、結婚をやめました。

だから、本当にいい女優になれたと思えるまでは、この決心を変えられません。

まだまだ先は長いのですから。


次の映画は『麗しのサブリナ』だった。

監督はビリー・ワイルダー。オードリーのよき教師であり、最高の友人でもあるワイルダーは、次のような名言を残している。

「オードリーは、たった一人で、豊かなバストを過去のものにするだろう」

ダブル受賞という快挙

映画の撮影中、魅力的な企画がもちこまれた。

メル・ファラーから舞台の仕事への誘いだった。戦前のフランス戯曲、ジャン・ジロドゥーの『オンディーヌ』。オードリーの役は人間と結婚することによってしか魂を手に入れることができない水の妖精だった。

『麗しのサブリナ』完成から二週間の休みがあって、『オンディーヌ』のリハーサルがはじまった。同時にオードリーとメルの同棲もはじまった。

半年前に封切られた『ローマの休日』の大成功が『オンディーヌ』の初日を華やかに盛り上げた。

『ニューズウィーク』は書いた。「切符売り場の行列は一ブロックも続いている。その理由はオードリー・ヘップバーンである」。

『オンディーヌ』好評上演中、ビッグニュースが飛びこんできた。

オードリーが『ローマの休日』で、アカデミー主演女優賞にノミネートされたのだ。メディアがますますオードリーに注目した。

一九五四年三月二十五日、アカデミー賞の表彰式。オードリーは舞台メイクのまま、かけつけた。この年のアカデミー賞は『地上《ここ》より永遠《とわ》に』がほとんどの部門を総なめにした。しかし、主演女優賞を獲得したのは、オードリー・ヘップバーンだった。

そしてアカデミー賞受賞の三日後、まだ興奮もさめないうちに、もうひとつの大きな賞を受賞した。権威ある演劇賞、トニー賞が『オンディーヌ』のオードリーに対して与えられたのだ。

このダブル受賞という快挙にオードリーは喜びよりもとまどいをみせた。つめかけた報道陣にオードリーは言った。

二つの賞を裏切らないためにはどうしたらよいのでしょうか。

まるで子どものころに大きすぎて大人にならなければ使えないものをもらったような気分です。


オードリーがアメリカに到着してからわずか一年。二十四歳という年齢で演劇界、映画界の頂点に立った。

それでも、あくまでオードリーは謙虚で正直だった。


女優の道に進んだのは、偶然からでした。

わたしは無名で、自信も経験もなく、痩せっぽちでした。

だから全身全霊で努力しました。

その点では自分を褒めることができます。

『オンディーヌ』の舞台メイクのままアカデミー賞受賞式にかけつけ、
オスカー像を手にするオードリー。
この3日後に『オンディーヌ』でもトニー賞を受賞する。

ファッション革命家オードリー

世界中の女性がオードリーに憧れた。その現象はオードリー本人がとまどうほどだった。

わたしは自分を美人だと思ったことがありません。

これは本音だった。痩せすぎで、胸がなく、背が高すぎると感じていた。歯並びが悪く、顔は四角く、鼻孔が大きすぎると思っていた。

世間的によく指摘されたのが薄い胸だった。オードリーが登場したとき、「胸がぺちゃんこで、ヒップも細くて、全然マリリン・モンロー風じゃない」と書かれることが多かった。

わたしは平たい胸が嫌いでした。
あまりに細すぎて、胸といえるほどのものがなかったのです。
そういうことだけで、女の子はひどく内気になってしまうものです。

のちには次のように言えるようになった。

ええ、こんなに胸がぺちゃんこじゃなければいいし、
こんなにとがった肩や、大きな足や、大きな鼻をしていなければいいと思います。
でも実際には、神様からいただいたものに感謝しています。
これでかなりうまくやっていますから。

そして、新たな美の基準を創りだした。
オードリーはファンにアドヴァイスしている。

一個の道具のように自分を分析するのです。
自分自身に対して百パーセント率直でなければなりません。
欠点から目をそらさずに正面から向かい合い、
欠点以外のものに磨きをかけるのです。

おそらく生まれつきのセンスもあった。その上、研究を重ねていたから、オードリーはファッションというものをとてもよく理解していた。

『ヴォーグ』は評した。

「現代のワンダー・ガール。彼女は大衆の想像力と時代のムードをしっかりとらえて、美の新しい基準を創った。いまでは二人に一人の顔がヘップバーン・ルックに近づいている」

そんなオードリーはいつ見てもシンプルな服装だった。


フリルを取り去って、リボンを取り去って、「そのほか」を取り去れば、肝心なものの輪郭がはっきりと見えてきます。


メイクについてもこだわりはあった。

鼻の欠点や四角い顔を目立たせないために、目のメイクが重要だった。

オードリーはよく賞賛された。世界一美しい目の持ち主だと。そのたびに彼女は言った。

いいえ、世界一美しい目のメイクです。

そして、メイク担当のアルベルトの技術とセンスを褒めた。

人生のそのシーズン、自分が求めているものを明確にする

オードリーは衝動的な行動とは、ほぼ無縁だった。もちろん、ときどき感情的になることはあった。けれど重要な場面では、そのことについてさまざまな角度から熟考した。そして自分なりの結論を出すと、実行に移した。

それが毅然《きぜん》としていたから、オードリーの決断に対して周囲がとやかく言う場面は、生涯を通して少なかった。

真剣に交際をした最初の男性であるジェームズ・ハンソンとの婚約解消も、熟考のうえの冷静な決断だった。もともと両親の離婚という経験で「結婚」そのものについては慎重だった。いや、慎重というよりは、「結婚とは難しい」という意識をもっていた。だから安易に「家庭と仕事は両立できる」、などとは思わなかった。そして、「人生のそのシーズン」で、オードリーは仕事を選んだ。「いま、自分は何がしたいのか。何を欲しているのか」を明確にし、実行に移したのだ。

Message from Audrey

コンプレックスと正面から向き合う

オードリーが容姿についてのコンプレックスをもっていた。などというと、嫌味だと思う人が多いかもしれない。けれど、コンプレックスは周囲が決めるものではなく、その人自身が「感じる」ものだ。

オードリーは容姿についてコンプレックスだらけだった。これは事実だ。

彼女が感じていたのは、自分は痩せすぎている、骨ばっている、胸がない、背が高すぎる、足のサイズが大きい、鼻孔が大きい、四角い顔をしている……などなど。

そんなオードリーが世界中の女性たちの「美のモデル」となったのは、自分自身のコンプレックスと正面から向かい合ったからだ。

そして欠点を目立たないようにし、欠点以外のところに徹底的に磨きをかけた。その結果、世界中が恋するオードリー・ヘップバーンが生まれた。

CINEMA

『ローマの休日』『麗しのサブリナ』

『ローマの休日』、相手役はグレゴリー・ペック。大スターだった。彼はオードリーと数日間、仕事をしたのち映画会社に言った。「映画でのクレジットは自分がトップになる予定だが、それをやめてオードリー・ヘップバーンと同等の扱いにして欲しい」。彼はオードリーがスターになることを確信したのだ。

王女役のオードリーは気品にあふれて、けれどおちゃめでかわいらしく、細いウエスト、魅力的なショート・ヘア、ブラウスとスカートの着こなしなどと合わせて全世界の女性たちが夢中になった。

『麗しのサブリナ』の撮影は、大変だった。

オードリーの相手役には、大スターのハンフリー・ボガードとウィリアム・ホールデン。ボガードは監督のビリー・ワイルダーと仲が悪く、しばしば辛らつな口論をした。さらにホールデンとも仲が悪く、険悪ないがみあいが続いた。そしてオードリーに対しても冷たかった。のち

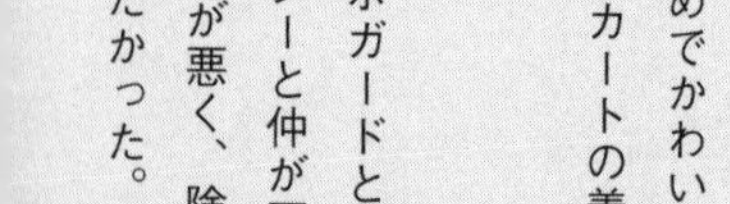

「サブリナパンツ」という名称はこの映画の衣装から生まれた。『麗しのサブリナ』

にオードリーは言っている。

「わたしはハンフリー・ボガードが少し怖かったわ。そして彼もそのことを知っていました」

ウィリアム・ホールデンは怯えているオードリーを見て、保護本能をかきたてられた。それがきっかけだったのかどうか、オードリーとの間に、短い間ではあったが現実でもロマンスが生まれた。

4章 それはあなたが本当にしたいことですか？

「住むべき場所」との出会い

いまや世界のスターとなったオードリーは、「スターである」ということはどういうことなのか、身をもって体験していた。

心身の消耗。二十五歳にしてオードリーはすでに休養、充電期間を必要としていた。『オンディーヌ』の公演が三ヶ月目に入ると、オードリーの疲労は限界に達した。煙草の本数が増え、体重は八キロ近く減っていた。医者は静養をすすめた。オードリーは医者の忠告に従うことにした。

休養場所にはスイスが選ばれた。きれいな空気、静けさ、オードリーが求めるものがそこにあった。そして、理想的な山荘を見つけた。それはルツェルン湖を見おろす贅沢な山頂の避暑地ビュルゲンシュトックにあった。
オードリーは、この地を「故郷」と呼ぶようになる。

これほど心安らぐ場所は世界中どこを探してもありません。ここはわたしのプライヴェートな居場所です。

朝早く起きて、鎧戸《よろいど》を開け、高い山々の頂や眼下の湖を眺める生活。
およそ一ヶ月を過ごし、少しずつ体力と神経を回復したころ、メルから正式なプロポーズを受けた。幸せだった。念願だった「家庭」をようやく手に入れようとしていた。

「愛し、敬い、従う」結婚

一九五四年九月二十四日、オードリー二十五歳。スイス、ルツェルン湖畔にある町長宅のサロンで結婚の届出の儀式をおこなった。

その翌日、教会で結婚式を挙げた。オードリーはピエール・バルマンの裾を引かないタイプの白のオーガンディのドレス、小さな白バラの冠、白手袋という装いだった。結婚式はできるだけ内輪でしたいというオードリーの希望が尊重された。結婚をして、オードリーは喜びにあふれていた。

心から愛している男性と結婚したその日から、彼がどこにいようと、彼のいるところがわたしの家です。

オードリーは、仕事よりも家庭を優先させる決意をしていた。そのため一年に二本以上の映画には出ないことにした。もちろん女優としての野心はあったが、それ以上に、「家庭」を大切にしたいという想いが強かった。

両親の喧嘩の記憶と、離婚の悲しみが鮮明に残っているから、家庭生活を維持するのはとても難しいことなのだと考えていた。よほど注意深く行動しないと、母親や、二回の離婚を経験しているメルのようになってしまう。

メル・ファラーとの結婚式。シックなピエール・バルマンのドレス。式も簡素なスタイルを望んだ。

だから、周囲の人々が訝《いぶか》しがるほどに、オードリーは結婚の誓い「愛し、敬い、従う」を忠実に守った。

オードリーは、メルに服従するのが幸せだった。メルのキャリアよりも自分のキャリアを下にしておくことが好きだった。

メル・ファラーはたしかにキャリアのある演出家であり俳優だった。けれど、オードリーほどのスターではなかった。そこに根本的な問題が、最初からあった。

オードリーは、メルがオードリーを支配している、すべての決定権をもっている、という周囲の見方には強烈に反発した。

わたしは十三歳のときから自立して、多くの重要な問題を慎重に考えてきましたが、判断を誤ったことは少なかったと思います。
自分で物事を考える能力があることを誇りに思っています。
わたしの判断に逆らって、わたしに何かをさせることは、誰にもできないのです。
愛する夫にさえ、できないのです。

女優としての成功よりも欲しいもの

『麗しのサブリナ』成功のニュースが各所から飛び込んできた。二度目のアカデミー主演女優賞にノミネートされた。

輝かしい業績も、「妊娠」の喜びに比べたら小さなものだった。オードリーは、はじめての妊娠に、幸せをかみしめていた。

もし赤ちゃんができたら、これ以上すばらしいことはないでしょう。
わたしの成功なんかよりずっとすばらしい。
女は誰でも、赤ちゃんがどんなに重要か知っているはずです。

けれど、まもなく流産。ショックは大きかった。

やがて『戦争と平和』の撮影がはじまった。夫婦共演が話題になった。

ふたりは離れ離れにならないように仕事を調整していたが、撮影の終わりごろ、はじめての別居を経験した。メルが映画の仕事でフランスに行かなければならなかったからだ。別居とはいっても二日間。二日後に空港でメルに飛びついたオードリーは大きな声で言った。

「わたしたち、丸二日近くも会わなかったのよ！」

オードリーは細心の注意をもって結婚を大切に維持しようとしていた。


結婚生活を危険にさらすかもしれない一歩を踏み出すことを求められたら、自分の心のなかをのぞきこんで自問します。

「どうしてもそれをしなければならないの？」


オードリーは映画の仕事に対して焦りがなかった。とにかく「家庭」優先。そこに幸せがあった。結婚以前の幸福は仕事にあった。

いま考えると、当時のわたしは一人前の女だったとは思えません。

愛なくしては、どんな女性も一人前とは言えないのです。


夢だった家庭を手に入れて、オードリーは幸福だった。

けれど、オードリーを求める人々が多すぎた。彼女は世界的大スターだった。

初のミュージカル映画への出演

おし寄せる膨大な企画のなかからオードリーが選んだのは『パリの恋人』だった。

オードリーは脚本を読んで検討するために普通は三日間くらいを費やすのに、今回は即決だった。メルの仕事部屋に飛びこんで言った。

「これよ！　わたしうまく歌えないけど、でも、ああ、フレッド・アステアと一緒にこの映画に出られさえしたら！」

アステアは二十世紀を代表する天才ダンサー。映画の内容も、ファッション雑誌の有名カメラマンが書店員で働く娘のなかに光るものを発見し、彼女を魅力的なファッションモデルに育てるという、オードリーのイメージにぴったりのシンデレラストーリーだった。

撮影開始前からオードリーはダンスのレッスンをはじめていた。オードリーはいつものように、たいへんな努力を自分に課した。あまりにもレッスン時間が長いので、周囲が心配するほどだった。

アステアの水準に近づきたいという気持ちも、もちろんあっただろう。けれど、根底にあるのは「不安」だった。

わたしにとって、不安や劣等感をプラスに転じるための唯一の方法は、集中力のある強い性格を身につけることでした。

ジヴァンシーの服にまもられて

ジヴァンシーが衣装を担当することは、最初から決まっていた。彼らは仮縫いで多くの時間を一緒に過ごした。

ジヴァンシーとの出会いは、数年前、『麗しのサブリナ』撮影中だった。

映画のなかでパリの新進デザイナー、ユベール・ド・ジヴァンシーの服を使うことになったのだ。

オードリーの骨ばった体形はジヴァンシーのラインのシンプルさと、ブラック、オフ・ホワイト、ひかえめなパステル・カラーにぴったりだった。

オードリーはジヴァンシーに夢中になった。彼のなかに洗練の極地を見た。

プライヴェートの服もジヴァンシーだった。オードリーは世界中のベスト・ドレッサー・リストにその名を加えた。

バレンシアガはかつてこう言いました。
エレガントに装う秘訣は排除することであると。
わたしもまったく同意見です。
だからジヴァンシーが好きなのです。
ジヴァンシーの服にはきらびやかな装飾はありません。
いっさいが取り払われているのです。

ジヴァンシーは師のバレンシアガと同じく、六十年代のミニマリズム的デザインの先駆けだった。

ジヴァンシーが大好き。
わたしは彼を最高の、最も大切な友人の一人と思っています。

生涯の友となるジヴァンシーと衣装合わせをするオードリー。
オードリーは彼のミューズとしてインスピレーションを与え続けた。

二人の間に男女関係はなく、友情と尊敬で形づくられた関係だった。ジヴァンシーはオードリーより二つ年上、ほぼ同年代。この先、二人は伝説的なペアとして、世界のファッションに影響を与えてゆく。

二人の友情は信じがたいほど強固で、死による別離が訪れるまで続いた。

わたしはアメリカの女性が精神分析医を頼りにするようにジヴァンシーを頼りにしています。

彼がデザインした服を着ると、わたしは自分自身になれるのです。

ずっとあとになってジヴァンシーは回想している。

「オードリーは忘れられないほど感動的なことを言ってくれました。『あなたが作ってくれた白いブラウスやスーツを着ると、そのブラウスやスーツに自分が護られているような気がするの。この保護されている感じが、わたしにはとても大切なのよ』と」

オードリーは生涯を通じて、服が大好きだった。

「身なりは人を作る」というけれど、わたしにとって衣装は、失いがちな自信を与えてくれるものでもありました。

二人がいるところがわが家

パリでの一ヶ月のロケの間、メルにも別の映画の仕事がパリであったため、二人はずっと一緒、ホテル・ラファエルに滞在していた。オードリーは言う。

わたしたちが仕事で行った場所がどこであれ、そこがわが家でした。わたしたちはカタツムリのように家を背負って歩くのです。

滞在する場所を、ホテルの部屋ではなく自分の家にしてしまう、という意味だ。

これはオードリーの一つの伝説になっている。

まず、到着の一時間前に、オードリーが不要と判断した部屋の備品を取り払わせた。そして到着して荷物をほどくと、銀の燭台、銀食器、本、レコード、お気に入りのテーブルクロス、ベッドカヴァー、絵画、灰皿などを並べた。すると、そこはホテルの一室ではなく、オードリーとメルの「わが家」になった。そのために、ときには五十個以上の荷物が必要だった。新聞記者たちはこぞって書きたてた。「まるで王室の亡命だった」と書いた記者もいる。

オードリーはいつも自分で、膨大な荷造りをした。

一度だけ他の人に荷造りを任せたとき、着いた夜にメルのカフスボタンが必要になって、それを見つけ出すまでに大きなトランクを六個も探したことがあった。

オードリーは、こんなことではいけない、と自分を戒《いまし》めた。こんなことが二度と起こらないようにしなければ。それは妻である自分の責任なのだ。

『パリの恋人』撮影終了後、大好きなスイスのビュルゲンシュタットで一ヶ月間の休養をとったのち、『昼下がりの情事』の撮影に入った。

オードリーはいつも通り、パリのホテル・ラファエルに、移動式家庭用品一式とともに泊まった。メルは南仏で映画の撮影中だった。週末はメルに会いに行った。

このころオードリーはメルから、嬉しいプレゼントを贈られた。

小さなヨークシャーテリアだった。オードリーはこの犬をフェイマスと名づけて可愛がった。犬を愛するオードリーにとって、忘れられない贈り物の一つだった。

「家庭」を保ち続けるには努力が必要

オードリーは夫に対して献身的だった。周囲の人たちがそれを疑問に思うほどに献身的だった。それはオードリーが、自分の人生においてもっとも重要なものについて、まったくブレない考えをもっていたからだった。彼女にとってもっとも重要なのは「家庭」だった。この時点では子どもはいないが、やがて生まれてくるはずの子どもを含めた「家庭」というものを、大切に維持しなければならない、とせつないほどに思っていた。

それが、家財道具一式を移動させる、などという極端な行動をとらせた。

映画のオファーがきて、その映画を撮るためには、夫と離れ離れの時間を過ごさなければならない、という状況に直面すると自問した。

「どうしてもそれをしなければならないの？」

この根本的な問い。無意識に「しなければならない」という観念にしばられて、しばしば、重要なものを手放してはいないかと自問させられる。

「努力に対する自信」だけが自分を支える

「不安や劣等感をプラスに転じるための唯一の方法は、集中力のある強い性格を身につけること」だとオードリーは言う。

経験が浅いのに、舞台や映画で主役を演じることになったり、一流のダンサーと共演することになったり、臆して当然の場面でも、オードリーはそれを周囲にうったえなかった。経験がないところは訓練でカヴァーする。オードリーはただただレッスンに励んだ。周囲の人が心配するほどに。

自分自身は、自分なりの精一杯で努力をしている、という「努力に対する自信」だけが自分を支えられることを知っていた。そして強い性格を身につけることが大切なのだと自分自身に言い聞かせていた。不安や劣等感に甘えることを自分に許さなかった。

CINEMA

『戦争と平和』『パリの恋人』『昼下がりの情事』

『戦争と平和』は三時間二十八分もあった。長さだけあって深さがない、と全体的に不評だった。それでも多くの批評がヘップバーンのナターシャ役を賞賛した。

オードリーは衣装にこだわった。まずは十九世紀初頭のファッションを研究、それからパリのジヴァンシーを呼び、すべての衣装を監修するよう望んだ。

『パリの恋人』はオードリーのすべての映画のなかでも、もっともファッションが楽しめる映画となっている。「すべてのアメリカ映画のなかで映像的に一番すばらしい作品」「かつてフィルムに記録された最高のファッション・ショー」などと興奮気味の記事が掲載された。

『昼下がりの情事』では、オードリーは宣伝用の写真についていつも以上に細かくチェックを入れた。カメラマンたちは低すぎるアングルから彼女を撮ることを禁じられていた。彼女が大きすぎると感じていた鼻孔がいちだんと強調されるからだ。スタッフはみな、オードリーの「顔に関する強迫観念」に驚かされた。

オードリーがモデルのファッション・ショーと言えるくらいの映画、『パリの恋人』

5章 ◇◇◇ 女らしさの見せ方を知っていますか？

自分の悩みなんて小さなもの

メルとオードリーが選んだ次の映画は『尼僧物語』だった。

ベルギーの若い女性が尼僧を志し、修道院の厳しい戒律のもと修行に励む。コンゴに派遣され、さまざまな苦難、喜びを経験する。この映画でのオードリーはほとんどが尼僧姿、ファッションの楽しみはない。

この映画を撮ることで、オードリーは個人的にすくわれたことがある。

流産したのち、なかなか妊娠できずに、精神不安定だった。けれど、映画のいくつかのシーンがライ病院と精神病院で撮影された。そこで気づきがあった。

精神病院を見学し、ライ病院を訪れ、そこの伝道師たちと話したり、実態を見たりしたあとで、わたしは自分がどれほど恵まれているかを思い知らされました。心のなかにいままでになかった穏やかさが生まれました。かつてとても重大だったことが、もう大したことではなくなりました。

苦しみに耐え忍ぶ人々の姿に、自分の悩みなど小さなものだ、と思ったのだ。

オードリーのセックス・アピール

次の映画は、オードリー・ノァンにとってはショッキングな内容だった。『緑の館』、南米のジャングルを舞台に繰り広げられる官能的なラヴ・ストーリー。なぜオードリーが引き受けたかといえば、監督がメルだったからだ。メルが監督なら苦手なラヴシーンも演じられると思った。

オードリーはラヴシーンが苦手だった。『尼僧物語』撮影中にうっかり、もらしたことがある。

「この映画はセックスのないストーリーだからうれしいわ。キスも抱擁もしなくていいんですもの」

また、オードリーは痩せすぎていてセックル・アピールがないと言われていることをよく知っていた。けれど動じなかった。オードリーは独自の主張をもっていた。

わたしがグラマーじゃないのはよくわかっています。

けれど、セックス・アピールというのは、サイズの問題だけではないのです。

セックス・アピールというのは、心の深いところで感じるもの。

見せるよりは、感じさせるものです。

わたしは女らしさを証明するのに、ベッド・ルームを必要としません。

グラマーが自慢のスターがヌードで表現することを、
わたしは服を着たままで表現できます。
木からリンゴをもぐとか、雨のなかに立っているとか、そういう状況で。

オードリーの食生活

メルはオードリーの健康管理にも気を配っていた。オードリーのスリムな体形は彼女の財産の一つだった。けれど体重が標準よりもいつも五キロから八キロ不足していたから、疲れやすかった。

「ダイエットはしていません」とオードリーは言い、摂食障害（拒食症と過食症）にかかっていたという噂が流れたとき、メルはきっぱり否定している。

ただ、夕食のときに一杯ワインを飲むほかはアルコールを口にしなかったし、デザート類もひかえていた。オードリーの食事はダンサーのそれと同じだった。蛋白質とサラダを大量にとった。

一九五九年の『グッド・ハウスキーピング』はオードリーの食事を細かに示している。

「朝食はゆで卵二個、健康食品の店で買った全粒粉トーストひときれ、ホットミルクを入れた三杯か四杯のコーヒー。昼食にはカッテージ・チーズとフルーツ・サラダかヨーグルトと生野菜、夕食には肉と数種類の温野菜」

食べ物に関してはオードリーがよく言っていたことがある。


飢えをしのいで生きのびた人間は、ステーキがよく焼けてないからといって突き返したりはしないものよ。

二度目の流産

一九五九年のはじめ、もうすぐ三十歳になるオードリーは、待ち望んでいた喜びを得た。妊娠したのだ。

喜びと逡巡のなかで、『許されざる者』の撮影に入った。

逡巡したのは、きつい撮影が予想されたからだ。暑さと埃、馬に乗るシーンもある。

監督のジョン・ヒューストンは、出産前に撮り終えるから引き受けて欲しいと、オードリーを説得した。


この撮影時に、事故が起きた。オードリーが落馬したのだ。

痛みのなかでオードリーは周囲の人たちに言い続けた。

「メルには言わないで。とても心配するから、わたしから伝えるから言わないで」

肋骨四本の骨折、椎骨の損傷、足首の捻挫。

オードリーはお腹の子への影響がもっとも心配だった。

看護にあたった女性は、オードリーの強さに驚いた。

「三十年間の介護経験のなかで、オードリーのような患者は見たことがありません。彼女はお腹の子のために、あらゆる鎮痛剤を断り、あれほどの苦痛にもかかわらず、ひとことも泣き言を言いませんでした」

お腹の子はなんとか無事だったようだ。退院し、撮影に戻った。撮影が終了すると、スイスのビュルゲンシュトックへ帰った。出産に備えるつもりだった。ところが、そこで流産してしまった。

オードリー、二度目の流産だった。

待望の赤ちゃん

けれど、幸運にもすぐに妊娠。

「一分一秒でも生まれてくる子どものことを考えない日はありません。修道院に閉じ込められた人のようにその日を指折り数えてまっています」

一九六〇年七月十七日。オードリー三十一歳。無事に出産を終えた。

オードリーは大きな声で言った。

「赤ちゃんを見せて、赤ちゃんは元気なの？　本当に元気なの？」

細い母親から生まれたと思えないほど大きな男の子だった。ショーンと名づけられた

息子ショーンの誕生を喜ぶオードリーとメル・ファラー。
待望の子どもだった。オードリーは幸せでいっぱいだった。

この子は父親メルにとっては五人目の、母親オードリーにとってははじめての子どもだった。ショーンとは「神の恵み」という意味だった。

母と子はジヴァンシーがデザインした服を着て、洗礼式に臨んだ。

父親との再会

このころ、オードリーは、父親に会っている。オードリーの希望でメルが捜索、アイルランドのダブリンで生きていることがわかった。

オードリーはメルと一緒にダブリンに行った。

父親は狭いアパートに住んでいた。幼いときの記憶の父とそれほど変わっていないように感じられた。痩せて背が高かった。三十歳余り年下の、オードリーとほぼ同年齢の女性と結婚していた。

父親は娘の名声を知っていた。けれど自分の過去（ファシスト的思想、刑務所生活）などが娘の評判を傷つけるのではないかとおそれていて、それで会おうとしなかった。

母親のエラが二人が会うのを望んでいなかったこともある。

オードリーは以後、父親に月々の小切手を送り、彼が九十歳で亡くなるまでの約二十年間、生活の面倒をみた。

父親を助けることができたことはオードリーにとって幸せだった。


父の役に立てたおかげでわたしは心安らかになれたのです。


オードリーの三十代は、父へのわだかまりを解消したことへの安心と最愛の息子を授かるという幸せのなかで、スタートした。

プライヴェートでも幸福につつまれ、映画スターとしても充分に成功していたが、さらなる栄光を彼女にもたらす、決定的な作品が、オードリーを待っていた。

セックス・アピールは肉体からは生まれない

セックス・アピール。この言葉をオードリーは「女らしさ」といった意味でとらえている。肉体的な衝動とは少し違った意味で意見をしている。

女らしさは、カーヴィーな肉体を誇示することではない。見せるものではなく、心の深いところで感じさせるもの。

だから自分には自分なりのセックス・アピールがある、と自信をもっていた。それを表現するのに、「わたしはベッド・ルームを必要としない」という言葉には、オードリーの肉体派の女優たちに対する反感がすこし見える。ほとんど人のことを悪く言わない女性だったから、ほほえましい。

Message from Audrey

自分の心のわだかまりに自分で決着をつける

六歳のときに自分を捨てて、家を出てゆき、会いに来ようとしなかった父親。その父親から受けた心の傷はかなり深かった。

それでも、いや、だからこそ、強い精神力を美徳とするオードリーは、自分の心の傷を自分で治そうとした。

そして、父親を探し出し、父親が自分に会わなかった理由を知り、父親の生活を助けるという形で関わってゆくことで、「捨てられた少女」の自分に別れを告げた。

心にわだかまりがあって、それが自分のなんらかの行動ですっきりするならば、行うべきだ。自分自身の未来のために。

オードリーは幼いころから自分を苦しませてきた存在に、勇気を出して近づき、そして自分なりに決着をつけたのだ。

CINEMA

『尼僧物語』『緑の館』『許されざる者』

『尼僧物語』で、オードリーは二十四時間体制でシスター・ルークを演じた。たとえば尼僧は戒律で鏡を見ることを禁じられていたからオードリーもけっして鏡を見ようとしなかった。華美なもの、一般的な遊びも避けて、質素なものを食べ、質素な生活をした。『尼僧物語』は大ヒットし、アカデミー賞は逃したものの多くの賞を与えられ、「過去十年で最高の演技」と高く評価された。

『緑の館』の撮影中、スタッフは夫メルに従順な妻オードリーの姿を毎日見た。たとえば小道具係がメルに朝のオレンジ・ジュースを出すのを忘れると、彼女が自分で取りに行った。スタッフが従うのをためらうような指示であっても、オードリーはメルの顔を立てるために、言われたとおりにした。

興行成績は悲惨だった。受賞もなかった。一般の客にも批評家にも不評だった。

『許されざる者』は、開拓時代テキサスの、インディアンに対する根強い偏見をテーマにした作品だった。監督のジョン・ヒューストンはこれを社会問題としてクローズアップしたいと考えていた。

夫が監督の『緑の館』。苦手なラブシーンが多かった。

脚本を読んで、オードリーは、このヒロインは自分がやるべきだと思った。役柄はインディアンの娘。差別される側の役。オードリーの正義感が刺激された。

鞍なしの馬に乗ることについては、代役をたてるという案もあった。しかし、完璧主義のオードリーは代役を拒否した。そして落馬した。およそ二ヶ月後撮影に復帰し、落馬した馬にもう一度乗った。勇気ある姿にスタッフは感心した。

6章　どんな種類の存在感を身につけたいですか？

ティファニーで朝食を

一九六〇年、オードリー三十一歳。オードリーの関心は、すっかり息子ショーンに集中していた。

母になった喜びにつつまれて、スイスでゆったりとした時間を過ごしていた。

次なる映画の企画がたくさんもちこまれたが、なかなか首を縦にふらなかった。

そんなオードリーに映画会社が用意したのが、『ティファニーで朝食を』のホリー・ゴライトリー役だった。

いまや、多くの人々にとって、オードリー・ヘップバーンのシンボルともなっている役だ。けれど、オードリーはこの話を引き受けるかどうか、ためらった。

理由は、ホリー・ゴライトリーは高級コールガールだったからだ。

この役の女性は、あまりにもわたしと正反対なので、
わたしには脅威でした。
わたしは内向的な性格ですけれど、この役に必要なのは、
とても外向的な性格だからです。

それでも、だからこそ、不似合いだからこそ、チャレンジする価値があるのではないかとオードリーは考えた。
結果、「明るく純粋でユーモラスな愛すべき高級コールガール」という、オードリーならではの新しい女性を生み出した。

完成したプリントを観たとき、オードリーは言った。

わたしがいままでに演じた役のなかのベストです。
なぜなら、これは一番難しい役だったから。

映画の冒頭から、一人の女性に観客は引きこまれる。スレンダーな身体のラインに沿ったジヴァンシーのリトルブラックドレス、大粒のパールのネックレス、黒サテンの長い手袋、高く盛ってセットされた髪。

夜明けのニューヨーク五番街にタクシーで降り立ったその女性は、あるディスプレイウインドウの前にたたずむ。片手にコーヒー、片手にデニッシュ。彼女が覗き込んでいるウインドウは、「ティファニー」。有名なシーンだ。

また、この映画は永遠の名曲を生み出した。『ムーン・リバー』。オードリーが非常階段に座って、ギターを爪弾きながら歌を口ずさむ。

けれど、実は当時、試写を観たのち、映画会社の社長は言ったのだ。

「ひとつだけ注文がある。あの歌はカットしなさい」

するとオードリーがさっと立ち上がって言った。

わたしが生きているうちは、ぜったいにそんなことはさせません。

激しい主張だった。メルが彼女の腕をつかんで引き止めなくてはならないほどオードリーは激昂《げきこう》していた。彼女が自制心を失いかけることはとても珍しかった。歌はそのまま使われることになった。『ティファニーで朝食を』は、興行成績もよく、オードリーはアカデミー賞の主演女優賞にノミネートされた。

キャリアにふさわしい役を演じたい

オードリーも三十歳を超えて、もう若さでは勝負できない年齢だった。自分のキャリアに合った役に出会いたい、女優としての力量が示せるような映画に出演したい、という願いは強くなっていた。

そういう意味で、次の映画、『噂の二人』は新しい境地を切り開く作品だった。

ドラマの主題は潜在的レズビアニズム。共演はシャーリー・マクレーン。

女学校の二人の教師がレズビアンであるという噂をたてられて人生を台無しにされるというストーリー。

シャーリー・マクレーンとはすぐに打ちとけた。

「オードリーとわたしは仕事の間じゅうバカ言っていたわ。彼女はわたしに服の着方を教えようとしていたみたいだし、わたしは彼女に悪態のつき方を教えようとしていた。どっちもうまくいかなかったけど！」

オードリーは悪態だけはけっしてつかなかった。

人に与える印象にはいつも気をつけていて、オードリーが自分に課したハードルはとても高かった。その緊張感が彼女と一緒にいる人にも伝わった。オードリーがそこにいるだけで口汚い言葉は出にくくなる。

誰もが、彼女の完璧なマナーや趣味の良さ、育ちの良さを目の前にして、圧倒された。オードリーには場の空気を上品にしてしまうような、そんな存在感があった。

自分を好きになるということ

『噂の二人』のあと『パリで一緒に』を撮り、続けて『シャレード』の撮影にはいった。舞台はパリの観光名所で、ジヴァンシーの衣装を身にまとったオードリー。久しぶりに、ファンが喜ぶオードリーが観られる映画だった。

相手役のケイリー・グラントとの相性はよかった。オードリーは演技者としてはもちろん、人間としてケイリーに感銘を受けていた。

ある日、わたしが緊張して内心びくびくしていたときに、彼はとても大切なことを言ってくれました。

「きみはもう少し自分を好きになる必要があるね」

わたしはその言葉の意味を何度も考えました。

ケイリーはオードリーの不安を見抜いたのだ。

映画を一本撮るごとに、自信がつく、また失う、の繰り返しでした。
撮影がひとつ終わると、もう二度と映画には出ないわ、と思ったものです。

どんな人でも、不安がきれいに消えるということはないと思います。
もしかしたら成功すればするほど、自信は揺らぐものなのかもしれません。

それでも、オードリーはつねに自分で自分を激励した。

オランダにはこんなことわざがあります。
「くよくよしてもしかたがない。どのみち予想したとおりにはならないのだから」
本当にそう思います。

オードリーは生まれつきの性質と考えられる傷つきやすさがあった。けれど、その内側には強く揺るぎない芯をもっていた。

ケイリー・グラントも言っている。

「オードリーは実に女っぽい女だよ。だがあの華奢な体のなかに鋼の強さをもっている」

このころ、「次に一番やりたい役はなんですか？」という問いに、オードリーは即答していた。

その答えは簡単です。

『マイ・フェア・レディ』のイライザ・ドゥリトルの役をやれるなら、

どんなことでもします。

人生の重要な場面で人の指図は受けない

オードリーはスターだからといって、わがままを通したり、威張ったりしなかったが、ここぞという場面では鋼の強さをもっていた。

『ムーン・リバー』を守ろうとしたときもそうだった。

「わたしが生きているうちはぜったいにそんなことはさせません」という強い主張。オードリーのこのセリフについては、誇張されて伝えられた説もあるが、彼女がなんとしても歌を守ろうとしていたことは確かだ。

オードリーの強い意志がなかったら、いまもなお世界中の人々に愛されている名曲は存在しなかったかもしれない。

自分自身にとって重要度の低い事柄は、流してもいい。けれど、重要な場面では自分の主張を曲げないことが、毅然《きぜん》とした人生には必要なのだ。

Message from Audrey

自分自身の「存在」の色彩をもつ

わたしたちはよく「あの人には存在感がある」といったことを口にするけれど、そのときはたいてい「存在感」に色彩を見ている。つまり、「場を明るくする存在感」とか「場を緊張させる存在感」とか「場をユーモラスにする存在感」といったかんじで、存在にも種類があるということだ。

オードリーには「場を上品にする」、そんな存在感があった。どんな色彩、どんな種類でもいい。自分がそこに存在することで場の空気を変えるような独特の存在感を身に着けたい。

CINEMA

『ティファニーで朝食を』『噂の二人』『パリで一緒に』『シャレード』

『ティファニーで朝食を』にまつわる有名なエピソードのひとつに、「ホリー・ゴライトリー役はマリリン・モンローの予定だった」というものがある。原作者であるトルーマン・カポーティもマリリン・モンローしか念頭になかった。「ホリーにはどこかいじらしいところ……未完成な感じがなくてはならなかった。マリリンにはそれがあった」。オードリーのことも好きだけれど、「彼女はこの役にまったく向いていなかった」と言っている。

『噂の二人』に出演することは大きな挑戦だった。当時、同性愛に対して社会の偏見は厳しく、映画でそのテーマを扱うということ自体、冒険だった。イメージに幅があるシャーリー・マクレーンはともかく、オードリーは適役とは思えない。それでもオードリーがこの役を引き受けたのは、監督が『ローマの休日』のウィリアム・ワイラー、信頼できる人だったからだ。

『パリで一緒に』は、パリに住むアメリカ人が、想像力豊かなタイピスト（オードリー）の助けをえて、二日間で映画のシナリオを書き上げようとするコメディ。

非常階段に座って「ムーン・リバー」を歌うオードリー。
オードリーの内面が溢れ出る『ティファニーで朝食を』の名シーン。

映画は一応の完成をみたが、出来が悪いという判断で映画会社はすぐに公開をしなかった。

『シャレード』とは、パントマイムで演じられるジェスチャーから隠された言葉を当てるゲームのこと。映画自体もトリックに満ちていて、観客を飽きさせない。評判はとてもよく、オードリーのそれまでの映画のなかで最大のヒットとなった。

7章　自分の限界をどこに設定しますか？

待ち焦がれた大役

スイスの別荘で休暇を過ごしていたオードリーのところに一本の電話が入った。待ちに待った電話だった。

「『マイ・フェア・レディ』の出演が決まったよ」

オードリーは、歓喜の声をあげた。バスルームにいた母親が驚いて飛び出してくるほどの声だった。

『マイ・フェア・レディ』は、育ちが悪く訛《なま》りのある花売り娘イライザ・ドゥリトルが、音声学の教授ヘンリー・ヒギンズの教育を受けて、みるみるうちに変身をとげ、ロンドン一のレディになるというミュージカル。ヒロインのイライザは女優ならば誰もが一度はやってみたいと思う、舞台史上最高の役のひとつだった。

一九六三年初夏、オードリー三十四歳。ハリウッドで撮影がはじまった。

監督はジョージ・キューカー、デザイナーはセシル・ビートン。

オードリーは映画の撮影の数ヶ月前から歌のレッスンをはじめていた。吹き替えなしで自分で歌いたかったからだ。

けれど、監督はオードリーに告げた。

「他の映画でもそうしているように、別の声を上にかぶせることになるだろう」

オードリーは引き下がらなかった。

そうなさりたいのはわかります。

でも、どんな場合でもわたしは精一杯、声のレッスンをします。

みなさんに納得していただくまでレッスンを受けます。

歌唱コーチを呼び、五週間にわたって、ときには一日に五、六時間もレッスンに集中した。

けれど結局、オードリーの努力もむなしく、歌姫マーニー・ニクソンの歌声に吹き替えられた。オードリーは落胆した。

高い出演料をもらっているのに、吹き替えを使っているという噂があっという間にひろまった。

オードリーとケネディ大統領

撮影中には、こんなエピソードもあった。

一九六三年十一月二十二日のお昼近く、撮影所に衝撃的なニュースが飛び込んできた。

ケネディ大統領がダラスで暗殺された。

誰もが呆然とした。オードリーの目に涙があふれた。

『マイ・フェア・レディ』撮影中。
念願の役だったけれど、試練の連続だった。

ほんの半年前、大統領のためにハッピー・バースデイを歌ったばかりだった。五月二十九日、ニューヨークで、ケネディ大統領の四十六歳の誕生会が開かれたときのことだ。前年に歌ったマリリン・モンローがまきおこした熱狂には届かなかったが、オードリーにとってケネディ大統領は遠い人物ではなかった。

オードリーはこの悲報を受けて何かしなければと思った。スタッフからマイクを借りた。

「合衆国大統領が亡くなりました。二分間、黙祷なり、それぞれ適当と思うことをしましょう」

二分が過ぎた。オードリーは言った。

「彼に安らかな眠りが与えられますように。神様、わたしたちの魂を哀れんでください」

こういう場面でのオードリーは、みごとなまでに毅然としていた。

広がる夫婦の亀裂

メルとオードリーの関係はうまくいっていなかった。オードリーの化粧室から漏れてくる口論を聞いた人もいる。

オードリーの仕事、宣伝に関する意見の相違が、オードリー本人とメルとの間で目立ちはじめていた。

間に入って苦労したのは、ハリウッドでもトップクラスの宣伝マン、ヘンリー・ロジャースだった。彼はオードリーの友人としても宣伝マンとしても、オードリーに貢献してきた。彼は言う。

「メルとの結婚が幸せでなかったことは周知の事実でした。わたしの見るところ、彼女は夫を愛しているほどに夫から愛されていなくて、自分の愛に同じようにこたえてもらえない不満が募っていました。彼女の目にはいつも悲しみがありました。

彼女は仕事を減らしてもっと多くの時間をメルやショーンと一緒にすごしたいという家族愛に満ち満ちていました。メルは妻と自分の仕事への野心に満ち満ちていました」

ジヴァンシーの香水に関する争いは、二人の考え方の違いがよくあらわれている。

ジヴァンシーはオードリーに捧げる香水を作った。

この香りをとても気に入ったオードリーは「わたし以外の人に使わせちゃダメよ」とおふざけで言った。ここから香水の名は「ランテルディ（＝禁止）」となった。この香水は世界中の主要な雑誌にオードリーの美しい写真とともに掲載された。

メルはこれに怒った。理由は、オードリーには一セントも払わずにジヴァンシーが何百万ドルというビジネスを築きあげたことだった。

ロジャースはメルの依頼で、パリへゆき、ジヴァンシー側に主張した。

「オードリーはジヴァンシーが彼女のためにデザインする服の値段を割り引いてさえもらっていない。香水ぐらいプレゼントすべきだ。オードリーは小売価格で買っている」

ジヴァンシーはなんらかの報酬を払うことで合意した。

この報告を聞いてオードリーが言った。「二人ともわかっていないのね」。

わたしは彼に何も要求しません。
彼のお金は欲しくない。彼はわたしのお友達です。
わたしのおかげで彼の香水ビジネスが成功したならそれは
友達として当然のことをしただけ。
わたしは彼の香水が欲しければドラッグストアに行って、小売価格で買います。

これに類似した意見の相違が、次第に増えていった。

「ラ・ペジーブル」、静かな場所との出会い

メルの女性問題などもあり、夫婦の溝はだんだん深まっていった。
ところが、表向きはそのように見えなかった。
二人は新しく家を購入した。

それはスイスのフランス語圏のトロシュナ＝シュール＝モルジュという村にある十八世紀の古びた田舎家だった。

地元で採れる桃色の石材を使って建てられた美しい家で、部屋数も多く、大きな屋根裏部屋もあった。庭も広かった。アルプスの眺望が美しかった。名前もオードリーが求めるものにぴったりだった。「ラ・ペジーブル」は「静かな場所」という意味だ。

ここはオードリーの終《つい》の住処《すみか》となる。


のちに、親しい友人が遊びに来たときにオードリーは言った。

「一緒に来て。最初にこの家を見たときのアングルを見せたいの。季節は春で、果樹の花が満開だったのよ。思わず息をのんでこう言ったわ。これこそわたしの家だわ！　って」

Message from Audrey

友人関係から生まれたものとビジネスを混同しない

ジヴァンシーの香水にまつわる一連の事柄は、オードリーのお金に対する意識、友人に対する意識が、よくあらわれていて興味深い。

ジヴァンシーは美しい友人オードリーをイメージして香水を作った。オードリーからインスピレーションを得たわけだ。オードリーもそのことを嬉しく受け取り、香水も気に入って、喜んだ。

ジヴァンシーとオードリーにとってはそれでよかったのだ。

それなのに、周囲がお金の話をもち出す。オードリーは、そんな話をもち出したメルに失望した。

「わたしがいたからその香水ができたのよ。だから、お金を払って」などという意識はオードリーの辞書にはなかった。あまりにもオードリーの美学とかけはなれていた。

CINEMA

『マイ・フェア・レディ』

原作はバーナード・ショー。原作のタイトルは『ピグマリオン』。舞台でヒロインを演じて大成功をおさめていたのはジュリー・アンドリュース。映画化も当然彼女で行くと思われていた。ところが映画会社は、世界的なスターを使いたがった。そこでまずオードリーに話がもちこまれた。オードリーは言う。

「わたしにはジュリーをブロードウェイで見た人たちの失望が理解できました。だから最初映画の話がきたときわたしは引き受けたくなかったのです。でも、わたしが断ればほかの映画女優に行くと聞いて引き受けたのです」

ほかの映画女優とはオードリーと友人関係にあるエリザベス・テイラーだった。

一九六四年十月に公開された『マイ・フェア・レディ』に対して、批評家たちの意見は厳しかった。ミュージカル映画なのに、歌の部分がほとんど吹き替えなので、オードリーは半分しか演技をしていない、とまで言われた。

一九六五年二月にアカデミー賞の候補が発表されたとき、『マイ・フェア・レディ』は十二部門にノミネートされたが、主演女優賞だけが含まれていなかった。

『マイ・フェア・レディ』の有名な衣装のオードリー。
歌を吹き替えられてしまったことのショックは大きかった。
育ちの悪い女性がレディに変身してゆくという物語なのだが、オードリーには
育ちの悪さが表現できていない、役に合っていない、という手厳しい意見も多かった。

これはスキャンダルとして話題をさらった。

しかも、その年のアカデミー主演女優賞は、なんとジュリー・アンドリュース（作品は『メリー・ポピンズ』）。

ジュリーはずっとあとになって言っている。

「あの受賞は同情票だと思っているわ」

8章 ◇◇◇ 変化することを望みますか？

オードリーの「変化」

一九六五年七月、オードリー三十六歳。

『おしゃれ泥棒』の撮影のためにパリに飛んだ。

撮影が終わるとすぐにスイスのトロシュナに戻って、ショーンと田舎生活を楽しんだ。

クリスマスの前になって、妊娠していることを知った。大喜びし、子ども部屋のことや、男の子と女の子の名前のリストも作った。けれど、一九六六年一月、流産してしまった。三度目の流産。オードリーは嘆き悲しんだ。

メルはオードリーの悲しみを長引かせないために、次の映画への出演を勧めた。

メルはオードリーに言った。変わりゆく時代に合わせてスクリーン・イメージを変えたほうがよいだろう、と。

その言葉を意識して十本あまりの脚本のなかからオードリーが選んだのが、『いつも二人で』。こわれかけた十二年間の結婚の歴史を描く物語だった。

スクリーン・イメージを変えること。いままでのスタイルを変えること。

かつてオードリーは言っていた。

人それぞれに自分のスタイルというものがあります。

いったんそれを発見したら、最後までそれを貫き通すべきだと思います。

けれど、いまはすこし違うようだった。

あらゆる因習には硬直作用があります。

硬直は避けるべきだと思います。

それは人を老化させます。

映画の脚本には情事、水着シーン、ベッド・シーンがあった。

「十年前なら、いいえ、五年前でも、この脚本がわたしのところへ持ちこまれることはなかったでしょうね」

オードリーは変化を選んだのだ。

穏やかな別居、そして離婚

一九六七年七月、オードリーは妊娠していることを知った。けれどまもなく、また流産してしまう。

そしてこの年の秋、オードリー別居のニュースがマスコミを賑わせた。

オードリーとメルのそれぞれの弁護士から発表があったのだ。

「オードリー・ヘップバーン三十八歳とメル・ファラー五十歳は、十三年の結婚生活ののちに別居を決意しました。ファラーはパリに、ヘップバーンは七歳の息子ショーンとスイスの自宅に住みます」

のちにこのときの気持ちを語っている。

メルとの結婚が破局を迎えたときは惨めでした。ものすごい失望感を味わいました。善良で愛し合う人同士の結婚は、どちらかが死ぬまで続くはずだと思っていたからです。

オードリーにとって、メルとの破局は、自分自身の責任以外の何ものでもなかった。メルのことを悪く言ったことはない。オードリーの場合、いつでも自分自身の問題だった。自分の責任であり、自分の失敗であり、自分の敗北だった。

オードリーが主演、メルがプロデューサーという、ふたりの最後の作品である『暗くなるまで待って』は一九六七年十一月に公開された。興行成績はよく、オードリーの演技は賞賛され、五度目のアカデミー主演女優賞ノミネートをもたらした。

それからおよそ一年後の一九六八年十一月、ふたりは正式に離婚した。別居の一年を入れて十四年と二ヶ月の結婚生活だった。

わたしは息子のために結婚にしがみついていました。

離婚に際して、オードリーにとって最も重要なことは、息子ショーンとメルの関係が損なわれないことだった。だからオードリーはメルに対して否定的な感情を抱いていたとしても、それを誰にも、とくにショーンにはいっさい見せなかった。

オードリーの人生の多くのことがそうであるように、離婚に関しても穏やかさは保たれた。

ただし、正式な離婚の背景には、一人の男性の存在があった。

プレイボーイの精神科医と再婚

離婚の半年ほど前、オードリーはローマの友人からエーゲ海クルーズに招待された。運命の出逢いが彼女を待っていた。

招待された人たちのなかに、アンドレア・ドッティがいた。ローマ大学の助教授で、若くてハンサムな精神科医だった。伯爵家の息子でプレイボーイとしても有名だった。オードリーより九歳年下。二人は一目でお互いに好意をもった。

二人が惹かれあったのは、オードリーが結婚の破綻を悲しんでアンドレアの肩で泣いたとか、アンドレアが精神科医としてオードリーを慰めたというわけではない。アンドレアはもともとオードリーの熱烈なファンで魅力的なイタリア男、楽観的で明るくてユーモアがあった。

その明るさがオードリーにとっては救いだった。オードリーはアンドレアと一緒だとたくさん笑った。

アンドレアとの出逢いについて、オードリーはのちに言っている。

頭にレンガが落ちてきたみたいでした。
アンドレアと出逢ったときのわたしの衝撃です。
彼はとても情熱的で陽気で、深く知るにつれて考える人でもあり、
深い感情の持ち主であることもわかってきました。

九歳年下という年齢差については、色々と考えることがあった。

わたしはアンドレアより長く生きてきましたが、
だからといってわたしのほうが彼より大人だということにはなりません。
知的な面では、彼はわたしより成熟しています。
仕事が彼を実際の年齢よりも成熟させました。

肉体的な年齢差を無視できないのは知っています。それが結婚はもちろんのこと、
新しい関係の大きなハンディキャップになるのではないかと気にしていました。

ごあいさつ

「それでもあなたは美しい」

オードリー・ヘップバーンという生き方

出版社ブルーモーメントは、ついこの間、大学生の私が小さく始めた、ひとり出版社です。

ひとり出版社は、それほど珍しくもないのでしょうが、ちょっとした特徴があるとすれば、第1作目として出す本が、私の母が書いた本、ということでしょう。

私の母はこの本の著者である山口路子で、その娘が出版社ブルーモーメントの代表の私です。

私は母の本を出すために出版社を設立しました。

そして、そのきっかけが、この本、旧名「オードリー・ヘップバーンという生き方」なのです。

私は生まれてから21年間、母の本を読んだことがありませんでした。

しくやっていたものの、途中から違和感を抱き始めました。「美しさに正解がある」という世の中の考え方に対しての違和感です。

ダイエットや美容が投稿の中心ということもあって、DMやコメントで、「何キロなら細いことになりますか」「肌が黒いのはダメですか」など、「美しさの正解」を求められる毎日。

はじめは私も世の中が作り出した「正解」を正解だと思いこんでいましたが、「美しさ」と真剣に向き合うなかで、しだいに変化し、やがて自分なりの結論めいたものを得ました。

美しさに正解などない、それぞれが「らしく」輝くことが、一番素敵なことなんだ、と思うようになったのです。

それからというものの、インスタで発信す

アンドレアは穏やかな話し方をし、職業柄もあるだろうが、話を聞くのが上手だった。二人とも父親なしで育っている境遇も、二人を近づかせた。アンドレアの両親も彼が子どものころに離婚していたのだ。

そして、地中海ではじめて会ってから半年後のクリスマスを、二人はローマで過ごした。アンドレアはオードリーにルビーの婚約指輪を贈った。それから間もなくブルガリの大きなダイヤの指輪を贈ってオードリーを驚かせた。

一九六九年一月十八日、三十九歳。オードリーはアンドレアと結婚した。町役場での簡素な結婚式だった。

わたしは愛する男性と結婚して、その人の人生を生きたいと願っています。

オードリーはジヴァンシーのピンクのアンサンブルに同色のスカーフ。九歳になるショーンも母親とアンドレアの誓いを見守った。二年後、ショーンは父親メルの結婚式にも出席することになる。

オードリーは式のあとでパリのジヴァンシーに電話で喜びを報告した。

「わたし、また人を愛せて、とても幸せよ！　もうこんなことは二度とないと思っていたわ。ほとんど諦めていたのよ！」

この結婚を通じて、もっとも嬉しかったことは、ショーンとアンドレアの仲がよかったことだ。これはアンドレアの「父親になるのではなく友だちになろう」という賢明な判断のおかげだった。「ショーンにはすでに父親が一人いる。しかもとてもよい父親で、ショーンは父親を深く愛している」というのがアンドレアの口癖だった。

ローマでの三人の生活はオードリーにとって心躍る日々だった。

買い物をし、食事をし、若い恋人同士のように手をつないで、ぴったり体をくっつけて愛する人と街を歩く。


彼は抱きしめてくれる人なのです。

オードリーがメルからもらえなかったぬくもりを、アンドレアはオードリーに与えた。

アンドレアとの結婚式。ドレスはジヴァンシーのピンクのアンサンブルを選んだ。

四十歳で二人目の出産

結婚式から四ヶ月目の五月にオードリーは妊娠した。四十歳。オードリーはもちろん、アンドレアも子どもを望んでいたので大喜びだった。オードリーは最初のうちはローマにいたが、産科医から安静にするように言われたのでスイスのトロシュナで静かに過ごすことにした。

するとアンドレアは独身時代に戻ったかのように、夜遊びをはじめた。パパラッチたちのおかげで、アンドレアが美女と一緒にナイトクラブで遊んでいる写真がマスコミを賑わせた。その美女たちはオードリーの半分の年齢層だった。妊娠中という情緒不安定な時期でもあり、オードリーは苦しんだが、いつものように自分を戒《いまし》めていた。

アンドレアとわたしはお互いを拘束しないという、
取り決めのようなものを結んでいました。
夫が年下の場合、これは避けられません。

アンドレアは、独身時代からプレイボーイとして有名だった。突然ナイトクラブに通い出したわけではない。オードリーがローマの家にいない夜、出かけることは特別なことではない。オードリーは自分にそう言い聞かせた。

彼が自由だと感じることが大切だと思います。
わたしの留守中に、彼にテレビの前に座っていてもらいたくはありません。
男の人が退屈したら、そのほうがずっと危険です。

一九七〇年二月八日、オードリーは帝王切開で男の子を出産した。アンドレアはすぐにかけつけ、息子誕生に喜んだ。息子はルカと名づけられた。ドッティ家に昔からある名前だった。

オードリーは仕事休養中も注目を集めていたので、この知らせに「オードリーに二人目の子ども」「四十歳でオードリーに赤ちゃん」などと、マスコミが書きたてた。

一家はローマに帰った。
オードリーはローマで完璧な医師の妻、完璧な母親になろうと全精力を注いだ。
夫が遅くまで病院にいるときは夫と一緒に病院で夕食をとることもあった。夫にも周囲の人々にも、自分が夫の仕事に関わり、関心をもっていることを知らせた。

夫を愛していたら、夫のすることすべてに夢中になるのが当然です。

それにオードリーにとって、主婦業は憧れだった。

大切なのは、どんな花を選ぶか、どんな音楽をかけるか、どんな笑顔で待つか、そういうことです。わたしは家庭を陽気で楽しい場所にしたいのです、この不安だらけの世界から逃げられる安息の地にしたいのです。

夫や子どもが帰ってきたときに、不機嫌な妻や母親ではいたくありません。
そうでなくったって現代は不機嫌な時代なのですから。

何本もの映画の脚本がオードリーに届けられたが彼女は映画の話を断り続けた。

一生を振り返ったとき、映画はあっても
自分の子どもたちのことを知らなかったら、とても悲しいことです。
わたしにとっては、子どもたちの成長を見ることほど楽しくて
わくわくすることはありません。
それに子どもの成長は、そのとき一度しかないのです。

オードリーは息子二人にとっては優しく愛情ゆたかな母親だった。「愛」の大切さを
基本にさまざまなことを子どもたちに教えた。

たとえばこんな感情ゆたかな言葉がある。

すばらしい歌は歌詞だけではなく曲も大切でしょう。
だからあなたが何を言ったかだけではなく、
どのように言ったかが大切なの。

ローマはパパラッチに脅かされることが多いこともあり、また、スイスのトロシュナへのホームシックもあり、オードリーは息子二人とスイスで暮らすことが多くなった。
映画の仕事をしないまま、月日が流れた。

Message from Audrey

「抱きしめてくれる人」を選ぶ

メル・ファラーとの結婚生活を、オードリーはなんとかして維持しようとした。けれど、それがもう無理なのではないか、と絶望しかけていたとき、恋におちた。ジヴァンシーへの電話「わたし、また人を愛せて、とても幸せよ！ もうこんなことは二度とないと思っていたわ」という言葉には恋愛をする喜びが溢れている。もちろん、離婚はぜったいにしたくないと思っていたオードリーだから、離婚そして再婚という決断にいたるまでには逡巡があっただろう。けれど結局、それを選んだ背景には、長年の辛い結婚生活があった。突然に訪れた離婚ではなかったということだ。夫婦はなんとか結婚を維持しようとしていたけれど、心身ともに離れていた。

オードリーが年下の恋人と結婚を決意したのは、自分が欲しいものを彼がくれると思ったからだ。オードリーが欲しかったものとは何か。

「彼は抱きしめてくれる人なのです」という言葉がすべてを物語っている。

CINEMA

『おしゃれ泥棒』『いつも二人で』『暗くなるまで待って』

『おしゃれ泥棒』の監督はウィリアム・ワイラー、彼と映画を作るのは、『ローマの休日』『噂の二人』に続いて三度目だった。どのシーンでも華麗なジヴァンシーを身にまとったオードリーが見られる。ファースト・シーンが印象的だ。白いスーツ、白い手袋、白い帽子、白いストッキング、白い靴、大きな白いサングラス、そして真っ赤なスポーツ・カー。

『いつも二人で』では、オードリーはジヴァンシーを着なかった。役柄に合わなかったからだが、「変化」のためでもあった。ミニスカートから水着まで、衣装の大部分はロンドンのマリー・クアント製品を使い、足りないところはパコ・ラバンヌをはじめとする当時の「モッズ・ルック」(一九六〇年代に現れた若者のファッション)デザイナーの作品が使われた。

『暗くなるまで待って』のオードリーは盲目の女性の役だった。オードリーは盲人を演じるため、盲人教育専門の医師から教えを受け、訓練学校にも滞在した。六歳のときに視力を失った大学生からの個人レッスンも受けた。

『おしゃれ泥棒』ジヴァンシーの衣装を着たオードリーが堪能できる。
ファーストシーンの真っ赤なスポーツ・カーと白一色のスタイリッシュなオードリーは必見。

指先の感触で生地を見分け、音で人との距離を判断し、杖の音でタイルと石の床を区別し、電話をダイヤルし、鏡なしでメイクすることができるようになった。

この映画の撮影中、オードリーは七キロも痩せた。

9章　人生で何を恐れますか？

八年ぶりの映画世界

一九七五年、四十六歳、オードリーは八年ぶりに映画の撮影を行った。
『ロビンとマリアン』、「待っていた甲斐がある映画です」とオードリーは言った。
ショーンは十五歳になり、ルカも五歳になった。
また人生に新しい季節が来たのだ。

相手役のロビン・フッドにはショーン・コネリー。スターの共演も話題になった。
けれどやはり、オードリーが年齢を重ねたこともまたスクリーンは映し出していた。
映画とは関係のないオードリーの変貌について言う人も少なくなかった。

一九七八年の秋、次の作品『華麗なる相続人』のためにミュンヘンに向かった。

しかしこの映画は悪評にさらされた。オードリーのキャリアにプラスになるどころかマイナスとなってしまった。評価は映画の内容と、それからオードリーに対しても手厳しかった。

酷評を浴びてオードリーはひどく落ち込んだ。けれど自分のキャリアを失敗作で終わらせたくはなかった。


一九八〇年、五十一歳。『ニューヨークの恋人たち』に出演した。

この映画では、つかの間のロマンスと逃避行のためにニューヨークを訪れるヨーロッパの富豪の妻という役柄を演じた。

おおむね好評で、ヴェネチア映画祭では高い評価を得た。ようやくオードリーは安堵した。

五十代のオードリー・ヘップバーン

映画監督のビリー・ワイルダーは言っている。

「スターの難しいところは、五十歳、五十五歳となったときに、どうするかということだ」

『ニューヨークの恋人たち』で観客の前に姿を現したオードリー・ヘップバーンは五十一歳だった。前二作品も含めて、マスコミは、『ローマの休日』の妖精が、すっかり年をとったことを書きたてた。

オードリーは加齢による変化にあまりさからわなかった。

髪を染めなかったから、あちこちに白髪が目立つようになり、皺も増えた。


年とともに自分が変わっていくのがわかります。

でもそれを直視しなければ。みんなが経験することですから。


目じりや唇のわきの皺を隠そうともしなかった。

これは笑い皺です。
笑いほど嬉しい贈り物はありません。

二度目の離婚

アンドレアと結婚してから六、七年が経過していた。ふたりの結婚生活は実際のところあまりうまくいっていなかった。

アンドレアは女遊びをやめようとしなかった。

オードリーが映画界にカムバックしたのも、アンドレアとの関係がうまくいっていなかったことと関係がある。

オードリーは最初からアンドレアの遊びに対してずっと寛大な態度をとってきた。それでも新聞や雑誌に掲載される夫の不実の証拠写真に、傷つかないわけはない。

年下の夫、アンドレアを束縛しないようにこころがけたが、結局それも失敗に終わったときは、前言を撤回する発言をしている。

拘束されない結婚はうまくいきません。
愛があれば、不実はありえないのです。

結婚は崩壊に向かっていた。
オードリーは最初の結婚の破綻もあり、二度目の離婚は絶対に避けようと固く決意していたが、失望と幻滅、これはどうしようもなかった。

もしも夫が女性に望むものをわたしが与えられずに、
感情的にも、肉体的にも、性的にも、
夫がほかの女性を必要とするようなら、わたしはいさぎよく身を引きます。
未練がましく騒ぎ立てたりはしません。

一九八〇年九月末、オードリーとアンドレアの間で話し合いが行われた。弁護士が同席していた。

オードリー五十一歳。オードリーが離婚を申し立てたのだ。

アンドレアとの間でなかなか話がまとまらず、裁判となった。

メル・ファラーとの別離のときと同様、オードリーはアンドレアの悪口を一言も言わなかった。離婚は一九八二年に成立した。

離婚は人間にとって考えられる最悪の体験のひとつです。
わたしは死にもの狂いでそれを避けようとしていました。
二度の結婚で、子どもたちのために、そして結婚というものへの敬意から、必死でそれにしがみついていました。
人は誰かを心から愛したとき、すべてがうまくいくという希望をもちます。
けれどいつもうまくゆくとは限らないのです。

最後のパートナーとの出逢い

オードリーが離婚したがったのは、アンドレア本人以外に、もうひとつ理由があった。前回の離婚のときと似ている。出逢いがあったのだ。

最後の伴侶となる人だった。

相手はロバート・ウォルダーズ。俳優でありプロデューサーでもある。オードリーより七歳年下。有名な女優マール・オベロンと結婚したが、一九七九年に先立たれていた。マール・オベロンはオードリーより十八歳年上、ということは、ロバートは二十五歳年上の女優を妻としていたということだ。

出逢ったのは一九八〇年、オードリー五十一歳、ロバート四十四歳。

オードリーは結婚生活が破綻していて、ロバートは妻をなくした悲しみから立ち直っていなかった。

彼とわたしは不幸のどん底にいるときにお互いを見つけたのです。

最後にして最高のパートナー、ロバートと英アカデミー賞授賞式に出席したとき。
いつでも二人は一緒だった。

ふたりともオランダ人ということもあり、最初から意気投合、好意をもった。

もちろん、前妻とのことがあるのでロバートにとって七つの年の差など問題ではなかった。

「僕にとっては、類《たぐい》まれな女性を失って悲しむ男やもめに、べつの類まれな女性が慰めの手を差しのべてくれた、という感じです」

ロバートの誠実と献身はオードリーを感動させた。


最初の夫メルにしても、二度目のアンドレアにしても、どちらかといえば支配的な男性だった。オードリーが彼らに従うようなイメージ。オードリーは、強く自分を導いてくれるような男性に惹かれる傾向があった。

けれど、いずれもうまくいかなかった。オードリーは愛を諦めかけていた。そんなとき、ロバートに出逢った。ロバートは言う。

「いまもなお愛は可能だと、オードリーを説得することが重要でした。なぜなら、二度の結婚の失敗で、彼女はもう愛とは縁がないと思っていたからです」

長い年月ののち、オードリーの前に現れたのは、彼女を支配する気はまったくない男性だった。彼女をサポートし、望みを叶えることが喜びであるという男性だった。ロバートの愛が、オードリーを包みこんだ。

わたしたちはみんな愛されたいでしょう？
だから人生のあらゆる時点で愛情を求めているのではないですか。
わたしにも愛が必要です。
愛したいし、愛されたいのです。

愛され続け、恋をする可能性があるとわかっていれば、
年をとることはまったく恐くありません。
何を恐れるかといえば、老齢や死よりも、孤独や愛の欠如です。

わたしのために存在している人

ロバートを得て、オードリーは輝きだした。

スイスのトロシュナでひっそり家庭に閉じこもっているのが好きだったオードリーが急に世界を飛びまわりはじめた。健康的で生き生きしていた。以前なら拒否したイヴェントにも顔を出しはじめた。いつも隣にはロバートの姿があった。

二人は本当に仲がよかった。オードリーと友人たちがいる部屋にロバートが入ってきただけで、友人たちは「二人の間に流れる親密さ」を感じとった。

彼はとても温かくて情の深い人だし、わたしたちは好きなものが同じなのです。田舎の生活、犬、一緒の旅行、それに読書も。

わたしが七つ年上だということを彼が不安に思っていれば、わたしにはわかります。

彼は不安に思っていません。

オードリーについてロバートは言う。

「ほとんど子どものように人を信頼し、頼りにするところがありました。いったんだれかを信頼すると命を投げ出すこともいとわない、そういう人でした」

そんなオードリーをロバートはいとおしく思い、守った。


オードリーはロバートを信頼していた。

いつも愛を失うことを恐れていたオードリーがロバートとの関係では、愛を失うことはないのだと、感じることができた。彼の愛を信じることができた。

ふたりの関係は最初から落ち着いていた。情愛に満ちていた。

ロバートとの関係が、いままでの男性たちとのそれと決定的に違っていたことは、次のオードリーの言葉が証明している。


彼はわたしのために存在しているのです。

ロバートとオードリーはいつでも結婚できたが、結局、結婚しなかった。最初から結婚という形式に縛られず、経済も完全に別々にしようと申し合わせていた。

マスコミは「なぜ結婚しないのか」と問い続けた。

ロバートは言った。

「彼女とメルの結婚が不幸だったことは、そしてアンドレアとの結婚がさらに不幸だったことは誰でも知っています。その質問は、たった今、電気椅子から逃げ出してきたばかりの人間に、もう一度そこへ戻れと言うに等しいのです」

オードリーはさらに言った。


わたしたちは愛に生きています。正式な手続きは必要ありません。式を挙げなくても、わたしたちはもうすべてを手に入れているのです。


なぜ結婚にこだわるのですか？

このままでもすてきだし、ずっとロマンティックです。

わたしたちは「一緒にいなければならない」からではなく「一緒にいたい」から、そうしているのです。

これはほんの小さな違いだけど、すてきな違いです。

わたしはロマンティックな女ですけれど、ロマンスなしで何がありますか?


スイス、トロシュナの家「ラ・ペジーブル」でゆったりと過ごして、ときおり華やかなイヴェントに二人で出席して、よく笑って、散歩をして、料理をして、穏やかに月日が流れた。

最後の映画

一九八九年、オードリー六十歳。

女優としてのキャリアは終わったと周囲は思っていた。けれど、スピルバーグの新作に特別出演することを承諾して、世間を驚かせた。

『オールウェイズ』。その役について、オードリーは言っている。

「わたしが何者なのかは誰にもわかりません。スピルバーグにさえも。たぶん天使のようなものだと思います」

天使のような妖精のような存在。衣装は白いタートルネックのセーターに白いスラックス。オードリーの最後の映画にふさわしい。

愛し続ければ、愛に出逢える

最後の伴侶となったロバートは、オードリーにとって、ずっと探し続けてきた男性だった。愛をたっぷりと注げば、それをよろこんで受け入れ、たっぷりと愛を注いでくれる人。自分と同じように相手を愛する人と、ようやく出逢えたのだ。

メル・ファラーのときもアンドレア・ドッティのときも、オードリーは相手に対して愛を惜しみなく注ごうとした。けれど、彼らはそれにこたえることが、結局できなかった。

それでもオードリーは最後の最後まで努力をした。愛されない寂しさに絶望しながらもなんとか彼らを愛そうとした。愛に背をそむけなかったから、人生は最後にロバートというプレゼントを用意したのだ、と考えたくなる。

それほどに、二度の結婚はオードリーの努力むなしく不幸だったし、それほどに、ロバートは最高の伴侶だった。

CINEMA

『ロビンとマリアン』『華麗なる相続人』
『ニューヨークの恋人たち』『オールウェイズ』

『ロビンとマリアン』のことをオードリーは「成熟した大人のラヴ・ストーリー」と言っていた。離れ離れになった中年の男女が、時を飛び超えて再びともに生きよう、年齢なんて関係ない、と決意するところがオードリーはとても好きだった。

相手役のショーン・コネリーはオードリーよりも一歳若かったが、十歳くらい老けて見えた。そして本人もそれを認め、気にもしていなかった。ショーン・コネリーがオードリーを気遣い、撮影は和やかな雰囲気で進められた。

『華麗なる相続人』でオードリーが演じたのは大製薬会社の遺産相続人で、精神異常の殺人鬼に命を狙われるという役だった。シドニー・シェルダンのベストセラー小説が原作だった。ひさしぶりにジヴァンシーの衣装を着た。イヴニングドレス、シフトドレス、スーツ、とエレガントな衣装をもっても、酷評を免れなかった。

最後の映画となった『オールウェイズ』。そのままのオードリーがそこにいるかのよう。

『ニューヨークの恋人たち』はオードリーの得意なロマンティック・コメディ。監督のピーター・ボグダノヴィッチとのロマンスも噂されたが深入りはなかった。

『オールウェイズ』での登場シーンは二回。こんなセリフがある。印象的だ。

「自分のためになにかをするのは、魂の無駄使いよ」

「自由を得るためには、自由を与えないとね」

10章 自分の使命について考えたことがありますか？

人生「第二章」のはじまり

友人の女優レスリー・キャロンは言った。

「彼女のキャリアは二つの章に分けることができる。第一章では望みうるすべての栄光を手に入れ、第二章では手に入れたものをすべて還元した」

まさにその通りだった。ただ、第二章は第一章と比べると、とても短い時間だった。残酷なほどに、短かった。それでも、その充実度は、はかりしれない。

オードリーは、「ユニセフ」と出逢った。

そして、自分が何のために生まれてきたのか、何のために有名になったのか、その意味を知った。

それは『オールウェイズ』に出演する二年前のことだった。

オードリーはロバートとともに、マカオを訪れた。国際音楽祭の特別ゲストとしてプレゼンターを務めるためだった。出演したアーティストたちは出演料をすべてユニセフに寄付した。この演奏会のあとで、オードリーはスタッフに言った。

「特別ゲストではなくて、ユニセフのためにもっとできることはないかしら」

この意志が本部に伝えられた。

早速、オードリーにはどんな慈善活動がよいかという話し合いが開かれた。

ちょうどこのころ、「ワールド・フィルハーモニック・オーケストラ」が大規模な慈善ツアーに乗り出していた。

これは一九八三年に結成されたオーケストラで、世界中の楽団から一人ずつ選ばれた演奏家で構成されている。年に一度コンサートのために集い「音楽と平和」をスローガンに国際交流と相互理解を深める。演奏家はボランティアで参加し、収益金は国際的な慈善事業に寄付される。

第一回がスウェーデン、第二回がブラジル、そして第三回が日本、東京だった。

日本にはオードリーの熱烈なファンが大勢いた。そこでオードリーが東京の公演に一緒に行き、オーケストラの紹介、ユニセフの活動を伝えるスピーチをすることになった。

一九八七年十二月十八日、サントリーホールでプレミア公演、二十日に国技館で本公演が行われた。

ユニセフの世界的予防接種キャンペーンへの寄付が目的だった。当日、演奏会の前にユニセフ大使としてオードリーが挨拶をした。

この経験が大きかった。自分の名声をユニセフのために使って、それが世界の子どもたちのためになるのなら、こんなにすばらしいことはない。


わたしにできることはわずかですが、思いがけない贈り物をもらった気持ちです。自分が有名になったのが、何のためだったのか、今やっとわかったからです。多くの人々にユニセフを知ってもらい、世界の子どもたちを救うためだったのです。

ユネスコと違ってユニセフは国連の一般予算からの割り当てではなく、自力で資金調達をしなければならない。寄付だけがユニセフの活動の命綱だった。

数年前からアフリカで干ばつによる飢餓が拡大していた。

北エチオピアで飢餓に苦しむ五百万以上の人々を救うためにユニセフは緊急に二千万ドル以上の寄付を集めなければならなかった。時間がなかった。こうしている間にも体力のない幼い命が消えてゆく。オードリーは「特別親善大使」を引き受けた。

オードリーは各国のユニセフ募金運動の大きな推進力となった。彼女が何らかのイヴェントや、テレビ番組でアピールするたびに、多額の寄付が集まった。

オードリーの影響力はとても大きかった。つねにさしせまった資金問題を抱えるユニセフにとってオードリーは最高の人材だった。彼女がもつ博愛主義的なイメージもいい。なにより長年のキャリアで築き上げた名声がある。

特別親善大使は、ほんの少しの手当て以外は無給。公的な交通費、宿泊費以外はすべて自己負担。病気の蔓延している国々における健康面でのリスク、内戦のための身体的リスクも引き受けなければならない。半端な覚悟では務まらない仕事だった。

オードリーはユニセフに対して、一つだけ条件を提示した。それはどこに派遣されようとも、ロバートを同行するということだった。

オードリーのユニセフの活動はあまりにも話題になったから、何十回も視察旅行を行ったというイメージが強いかもしれない。けれど実際には四年間に、わずか八回。けれど、そのインパクトは一回ごとに強まっていった。

現地視察者としてのオードリーはラフな服装だった。ジヴァンシーに身を包んだオードリーはいなかった。たいていはチノパンかジーンズにラコステのシャツ、頭にはスカーフを巻いていた。二個のスーツケースの中身は必要最小限のものだった。

わたしは人に見られるためにここに来たのではありません。
世界中の人に自分以外の人々のことを考えてもらいたくて、来たのです。

最初の視察、エチオピアの衝撃

ユニセフでの初仕事はエチオピアの飢饉に見舞われた地域の視察だった。目的は、手遅れになる前に、この貧しい国に世界の人々の注意をむけさせること。はじめての視察旅行ということもあり、オードリーが受けた衝撃は大きかった。そこには目を疑うような悲惨な光景が広がっていた。


わたしは心を痛めています。絶望を感じています。

多くの子どもを含む二百万の人間が餓死の危機にさらされていると考えると我慢がなりません。

二十五万人の子が毎週のように、先週も死に、来週も死んでゆくというのに、誰一人そのことについて本気で語ろうとはしません。

それはわたしたちの時代の最大の恥であり悲劇です。

わたしたちは、この状態にピリオドを打たなくてはなりません。

オードリーはシニシズムと正面から対立した。

「あなたのしていることは、じつはまったく無意味なことなんですよ。苦しみは昔からあったし、これからもあるでしょう。あなたは子どもたちを救うことによって彼らの苦しみを長引かせているだけなんですよ」

オードリーは言った。

「いいでしょう、それではまずあなたのお孫さんからはじめましょう。お孫さんが肺炎になっても抗生物質を買わないでください。事故に遭っても病院へ連れて行かないでください。いかがですか。そういう考え方は人間性に反するものではありませんか」

エチオピアから戻ったオードリーは休む間もなく「記者会見旅行」に旅立った。イギリス、カナダ、スイス、フィンランド、ドイツ、アメリカ。すべてオードリーの自費で行われた。

映画スターとしての全盛期にはインタヴューをできるだけ避けてきたオードリーが今ではユニセフのため、進んでインタヴューを受けるようになった。

原稿はすべてオードリー本人がロバートとともに考えた。


子どもを救うことは祝福です。

百万人の子どもたちを救うことは神から与えられたチャンスなのです。

もし人々が支援していないのだとしたら、そうしたくないからではなく、支援が必要だということを知らないからだと思います。


それを世界中の人に知らせることこそ、オードリーの使命だった。

ワシントンでは一日で十本以上のインタヴューをこなし、国会議員二十五人との朝食会を企画した。その席でオードリーはエチオピアに対する援助額を国として増やすように要請し、増額を実現させた。

苛酷な視察旅行

一九八八年八月。記者会見旅行から帰ると、国際児童フェスティバルの一環としてトルコへ旅立った。トルコでの重要課題は、幼児死亡の原因となっている六つの主な病気の予防接種だった。

一九八八年十月には、南アメリカへ、一九八九年二月には中央アメリカへ視察旅行に出かけた。

あるとき、「あなたは自分の時間を犠牲にしているのではありませんか」と問われて毅然と反論している。

犠牲というのは、したくないことのためにしたいことを諦めるということでしょう。これは犠牲ではないのです。わたしが授かった贈り物です。

「映画の仕事をすればいいのに」という愚かな質問にも冷静に答えた。

人によって仕事の量はまちまちです。
わたしよりもたくさん働く人もいますが、
自分がしていることも大切なのだとわかっていますから、
わたしは幸せです。

一九八九年四月六日。ワシントンでスピーチをした。

カール・ラガーフェルドの黒のスリーヴレス・ドレスをスマートに着こなして、下院議員に向かって静かに、けれど情熱をもって語りかけた。

「各国政府が福祉に莫大な予算を注ぎこみながら、国の最大の資本であり、平和への唯一の望みである子どもたちを無視するというのはどういうことでしょうか？」

一九八九年四月にスーダン、一九八九年十月にはバングラデシュ、一九九〇年十月にヴェトナムへ視察旅行に出かけた。

ある難民キャンプを訪れたとき、十四歳の少年が横たわっていた。オードリーは彼はどこが悪いのかと訊ねた。すると、栄養失調が原因の急性貧血、呼吸障害、浮腫という答えが返ってきた。

「戦争が終わったときのわたしとまったく同じでした。年齢も、三つの病名も」

オードリーは子どもたちの姿に、戦争中の自分自身の姿を重ねていた。

ユニセフ親善大使就任時の挨拶でも、そのことにふれている。

わたしはユニセフが子どもにとってどんな存在なのかはっきり証言できます。なぜなら、わたし自身が第二次世界大戦の直後に食料や医療援助を受けた子どもの一人だったのですから。

オードリーは子どもたちこそ地球の未来だと信じていた。
だから世界の子どもたちを救うために余生を捧げた。

そして何度も繰り返し強く、うったえた。

子どもを否定することは命を否定することです。
子どもたちは発言力をもちません。
私たちの助けが必要なのです。

自分がしていることが大切だと思えれば幸せ

仕事でも仕事ではなくても、いま自分がしていることが大切なことなのだと思えるか思えないか。それは人生の幸福の指針のひとつだろう。

収入の面から見れば、映画の仕事とユニセフでの慈善事業など比べ物にならない。それでもオードリーはユニセフに出逢って、自分の存在意義を知った。

他の人たちはわたしなんかよりもっともっと働いているかもしれないけれど、「自分がしていることも大切なのだとわかっていますから、わたしは幸せです」とオードリーは言った。

幸せは相対的なものではなく絶対的なもの。その人が感じるもの。

自分がしていることが意義あることなのだと感じることができるか否か。そこが重要なのだ。

11章 この世に残したいメッセージがありますか？

アンネの日記朗読コンサート

映画でアンネ・フランクを演じることを何度も断ってきたオードリーだったが、ここに来て、その気持ちに変化があらわれた。

同じ年に生まれたアンネとオードリーは、ほぼ同じ場所同じ時に戦争の恐ろしさを体験し、一人は死に、一人は生き残った。オードリーにとってアンネの日記はあまりにも生々しかった。いくら意義あることとはいえ、エンターテイメントである映画の世界で、アンネを演じることには強い抵抗があった。

けれど、いまは違う。「ユニセフ」がある。

一九九〇年、六十一歳。各地をまわる慈善コンサートはオードリーの希望で実現した。

デザイナーズジーンズをはいたマザー・テレサ、と呼ばれたオードリー。
訪れた国で見聞きした惨状はオードリーの心身に大きなダメージを与えた。
それでも彼女はやめなかった。

アンネを讃えるよい機会だと思います。
アンネも自分の書いたものが苦しんでいる多くの子どもたちに慰めを与え、
ユニセフを助ける役に立つのなら、喜んでくれるでしょう。

朗読コンサートだった。作曲家のマイケル・ティルソン・トーマスが創った交響曲とオードリーの朗読とのコラボレーション。トーマスの美しく力強いレクイエム、淡々としたなかに想いがこめられたオードリーの朗読。各地で多くの人々に感動を与えた。

一九九一年五月、最後となったロンドン公演終了後、オードリーはある人と会った。アンネ・フランクの母親違いの妹エヴァ・シュロス。オードリーは彼女から新設された「アンネ・フランク教育基金」での公演を依頼する手紙を受け取り、承諾の返事を出していた。エヴァ・シュロスはアウシュヴィッツの生き残りだった。ふたりは楽屋で感動的なひとときをもった。

オードリーは基金を通じて感動的な声明を発表した。

アンネ・フランクの思い出が現在も将来も永遠にわたしたちとともにあるのは、彼女が死んだからではなく、希望と、愛と、とりわけすべての許しの不滅のメッセージをわたしたちに残すのに充分な時間を生きたからなのです。

世界はいまやオードリーを讃えることに夢中だった。

ユニセフ視察旅行のために世界の半分を飛びまわっていないときには、さまざまな招待を受けて世界中を飛びまわっていた。

「オードリー・ヘップバーンと世界の庭」

スイス、トロシュナの地所には果樹園と野菜畑と花畑があった。オードリー自身はいつものように謙遜していたが、彼女の庭への関心は本格的だった。

ヨーロッパから南北アメリカと極東までの世界の庭を訪ね歩くという番組が企画されたとき、スタッフはすぐにオードリーを思い浮かべた。

オードリーはこの企画を気に入った。美しい所を訪ね歩いて、それを人々に紹介することに魅力を感じた。しかもテーマは、自分自身も大好きな「庭」だ。オードリーが庭をそぞろ歩きながら、その哲学とスタイルを考察する姿がカメラに収められ、番組が作られた。

最初のロケーション撮影は、一九九〇年四月、オランダで行われた。テーマはチューリップ。国籍はイギリスだが、オランダはオードリーの故郷。オランダ国民は白く輝くチューリップを「オードリー・ヘップバーン・チューリップ」と公式命名して、オードリーを讃えた。

日本も訪れている。

オードリーが特に気に入った場所は、京都の西芳寺（苔寺）だった。

一三三九年、ある禅僧によって造られたこの寺院の庭は、竹藪の奥にあって、何百種類もの苔と、整然と刈り込まれた常緑樹を特色とする。

オードリーは、庭シリーズを「環境問題」への提言にしたかった。「環境問題」という言葉がまだ一般的でなかったころのことだ。

スタッフは、オードリー本人にメッセージを作ってもらい、それをシリーズの最初と最後で使った。

庭は失われつつある「美」をわたしたちに思い出させてくれます。
庭の芸術は、人間の精神の糧《かて》となります。
安らぎや統制といった、人間のあるべき姿を教えてくれるのです。

オードリーとともに番組をつくったドキュメンタリー作家ジャニス・ブラックシュレーガーは言う。

「オードリーと一緒にいると、自分がより美しくなり、自分の可能性がより拡がるように感じるの」

番組を見て、いったいどのくらい多くの人がジャニスと同じような思いを抱いただろう。

このシリーズでオードリーは、カジュアルなラルフ・ローレンをシックに着こなしている。「世界の庭」の企画がもちこまれたとき、オードリーが衣装の相談をしたのがラルフ・ローレンだった。

「夜はジヴァンシーを着るのが好きだけれど、昼間はあなたのスポーティーな服のほうがいいわ」とオードリーは言った。

ジヴァンシーとの友情は変わらずに続いていた。

ラルフ・ローレンとの友情は、ジヴァンシーに比べればその期間こそ短いが、厚いものだった。

平和への願い

一九九一年、一月。湾岸戦争がはじまった。

この戦争中、ほとんどのアメリカ人が、アメリカ兵の犠牲がわずかだったことを喜んでいるときに、オードリーとロバートは、まったく別の心境にあった。

イラクの人たち、多くの子どもたちがアメリカの爆撃によって死んだという事実に胸を痛めていたのだ。

戦争の開始から一週間後、オードリーとロバートはジュネーヴで開かれたユニセフの会議に出席した。

そこでのテーマは主に、戦争が終結したらイラクの子どもたちになにができるか、だった。オードリーは失望した。「戦争が終結したら……」ではない。自分が発言する番になると言った。

このような戦争を引き起こした不正に対して抗議するのがユニセフの義務ではないでしょうか。

翌年、「ユニセフ最大の問題をひとつだけ挙げるとすればなにか」という質問に、オードリーはただ一言、「戦争」と答えた。

「現在、開発途上国は毎年約一千五百億ドルを兵器の購入に費やしています。その一方で、国連安全保障理事会の五つの常任理事国が、全世界の兵器の九十パーセントを売っているのです」

飢餓、内戦、人種的殺戮《さつりく》……悪夢のような惨状《さんじょう》。これらを作り出しているのは人間なのだ。

わたしはひとつの明白な真実を見ました。
それらは天災ではなく、人間が生み出した悲劇であり、
人間によって解決するしかないということです。
解決策とは、平和の樹立です。
戦争学はあるのに平和学がないなんて、おかしな話です。

デザイナーズジーンズをはいたマザー・テレサ

オードリーの活動が広く知られると、彼女はいたるところで「聖オードリー」、ときには「デザイナーズジーンズをはいたマザー・テレサ」などと呼ばれた。

そのかげには、いつも、ロバートの存在があった。「ロビー」という愛称でロバートを呼ぶオードリーの声がいつも聞こえていた。

オードリーは言う。

「ロビーがいなかったら、これほどはユニセフの仕事ができなかったわ。彼はありとあらゆることをやってくれるの」

ロバートはオードリーから離れなかった。そして、でしゃばることもなかった。かげでひっそりと、しかし強く支えているのがロバートという人だった。

オードリーはロバートが忙しく駆けまわっているのを見ながら言った。

「彼ってすばらしいでしょう？　わたしのロビーがいなかったらどうすればいいかわからないわ」

いつでも「わたしのロビー」だった。

友人は言う。

「彼が彼女を敬愛し、彼女も彼を敬愛していることは明らかだった。彼らは結婚こそしていなかったが、あれ以上に理想的な結婚は見たことがない」

オードリーの活動は視察旅行だけではなかった。アートの分野にもおよんでいた。ユニセフのクリスマス・カードには、オードリーの絵が使われた。赤ちゃんをおんぶしたエチオピアの母親を描いたスケッチだった。

原画はフィンランド・ユニセフ委員会に寄贈されて、オークションで一万六千五百ドルの値がついた。

Message from Audrey

すべてのものには時がある

アンネ・フランクを演じることを長い年月、断ってきたオードリーだったが、最晩年になって、朗読というスタイルで、演じることになった。

「すべてのものには時がある」というのは聖書のなかの言葉だが、オードリーのアンネ・フランク関連のことを思うと、まさにこの言葉通りなのだと思う。すべての事柄には、それが起こるべき時期、タイミングというものがあるのだ。

それにしてもアンネ・フランクについてのオードリーのメッセージはすばらしい。

アンネは、「希望と、愛と、とりわけすべての許しの不滅のメッセージをわたしたちに残すのに充分な時間を生きた」のだと言った。

「限りある命」のなかで「どれだけ生を充実させるか」が重要なのだということを、オードリーは人々にうったえたのだ。

12章 ◇◇◇ 生きる原動力は何ですか？

最後の旅、ソマリア

一九九二年九月、オードリー六十三歳。

第八回目の視察旅行の目的地はソマリア。

結果的に、ソマリア視察がオードリー最後の任務となった。そして、オードリーはその存在で、全世界の注意をソマリアへ引きつけた。

ソマリアは最悪だった。

オードリーは憤りを感じていた。多くを見れば見るほどに憤りは深くなった。ソマリアでは、見るものすべてに激しい怒りを燃やしていた。

わたしは自分を含めた人間というものに対する憤りでいっぱいでした。集団の罪は信じないけれど、集団責任なら信じます。


ソマリア視察を終えて、帰国する前にナイロビで記者会見を開いた。テレビのインタヴューにも応じた。オードリーは、自分自身が受けたショックをそのまま伝えた。

「ソマリアは史上最悪の悲劇のひとつです。限界を越えています。わたしは言葉使いに注意しています。いたずらに、おおげさに騒ぎたてるつもりはありません。けれど神はソマリアを忘れてしまったのか、という思いを強くしています」

息子のショーンは語る。

「母は家へ帰ってきて言った。『地獄を、見てきたわ』」

視察を終えて、オードリーは記者会見のため、ロンドン、ジュネーヴ、パリへ飛んだ。そしてアメリカではは多くのテレビに出演した。これらの活動が、前例がないほどの多くの国際報道に結びついた。

世界中の関心が、オードリーを通してソマリアに集まった。

間もなく、アメリカの軍隊がソマリアへ入った。オードリーはとても喜んだ。あきらかにオードリーの活動がアメリカ軍の派遣を促したのだった。


わたしは自分自身に問いかけます。

あなたに何ができるか？　あの国へ行って何をするのか？

はっきりとは言えないけれど、誰にでもできる何かがあるはずです。

千人の人の世話ができないことは事実です。

けれど一人でも救うことができるなら、わたしは喜んでそうします。


オードリー個人の心身の状態に注目すれば、ソマリアの惨状は彼女の繊細な神経には耐えがたかった。

友人に語っている。

「家にいても悪夢にうなされて眠れないの。いつも泣いてばかりいるわ」

耳について離れないのは、あの静寂です。

心と身体が悲鳴をあげていた。くたくたに疲れきっていた。
それでも「子どもたちのために行かなきゃならないのよ」と言っていた。

まだできるうちに、なるべく多くのことをしたかったのです。
なぜならもうそろそろガソリン切れになりそうだから……わたしが休みなしにこの仕事をしてきたのは、もうあまり長くは続けられそうもないとわかっていたからなのです。

ソマリアへ視察旅行に行ったときには、目立った身体の不調はなかった。
けれど、当時の写真を見ると、オードリーの憔悴した姿に愕然《がくぜん》とする。

最後のクリスマス

オードリーが身体の不調をうったえたのは帰国して数週間が経ったあたりだった。ロサンジェルスで仕事をこなしているとき、腹部の痛みがひどかった。医者に行き、検査を受けた。ソマリアで感染症にかかったのだろうとの診断を受けた。

けれど痛みが激しくなったので、ロバートとショーンはオードリーをロサンジェルスの病院に入院させた。

検査の結果、消化器系に悪性腫瘍が発見され、手術が行われた。最初は、たいしたことがないと思われたが、違った。オードリーの病状はおそるべきスピードで悪化した。大腸癌、末期だった。

ロバートとショーンはオードリーが末期癌であることを本人に伝えないように病院に頼んだ。

ロバートとショーンは可能性にかけて、化学療法を受けるべきだという考えだった。けれどオードリーがそれを望まなかった。オードリーは自分の人生をさとっていた。

自分の命のことは自分で決める権利があると思います。

ずるずる引きのばされるのは望みません。


オードリーはスイスの家「ラ・ペジーブル」でクリスマスを迎えることを望んだ。ジヴァンシーが自家用ジェットを手配してくれた。オードリーはモルヒネの点滴で痛みをおさえながら、我が家へ戻った。

「家に帰ってこられてとてもうれしいの。また庭の木々を見られるんだもの」

オードリーは調子が悪いときでも毎日庭に出た。

例年通り、クリスマス・カードも発送した。この年のカードにはインドの哲学者タゴールの言葉が引用されていた。

「ひとりひとりの子どもは、神が人類に望みを失っていないことの証」

クリスマス・イヴに、ロバートの頼みでルカとショーンに詩を読みあげた。

サム・レヴェンソンが孫たちに宛てた書簡形式の詩集『時の試練をへた人生の知恵』の一部だった。

魅力的な唇になるために、やさしい言葉を話しなさい。
愛らしい目をもつために、人のよいところを探しなさい。
おなかをすかせた人に食べ物を分けてあげれば、身体はほっそりとするよ。
一日一回子どもの指で髪を梳いてもらえば、髪はつややかになるよ。
けっしてひとりで歩いていないことを知っていれば、弾んだ足どりで歩けるはず。
おまえの未来のために伝統を残しておこう。
愛情のつまった人のやさしい悲しみは、けっして失われることがない。
物は壊れたらおしまいだけど、
人は転んでも立ち上がり、失敗してもやり直し、生まれ変わり、
前を向いて何回でもあらたにはじめることができる。
どんな人も拒絶してはいけないよ。
助けがほしいとき、必ず誰かが手を差し伸べてくれることを忘れないで。
大きくなったとき、きっと自分にもふたつの手があることを発見するだろう。

ひとつの手は自分を支えるため。もうひとつの手は誰かを助けるため。
おまえの「すばらしき日々」はこれからはじまる。
どうかたくさんのすばらしき日々がおとずれるように。

オードリーは息子たちに言った。

あなたたちはわたしが作り出した二つの最高の創造物よ。

オードリーは自分がいなくなった後のことについて、明確に決めていた。なにひとつ未解決なものはなかった。

病魔もオードリーの性格を変えることはなかった。恨みがましいことは一言も言わなかった。残される者たちのほうが、死の不公平さに腹を立てていた。オードリーは違った考え方だった。

不公平ではなく、自然のあり方です。

それはわたしとも不公平ともなんの関係もありません。

たんなるプロセスなのです。


オードリーにとっては、ロバートや子どもたちと一緒に過ごすことがなによりの喜びだった。

オードリーはロバートと最後の最後まで同じベッドで寝ることができた。明かりを消すと二人だけの世界に入りこむかのようだった。平和な暗闇のなかでオードリーが言った。

「今年のクリスマスが今までで一番幸せだったわ」

ショーンにも言った。

「人生最高のクリスマスだったわ」と。

なぜ最高なのか、とショーンは尋ねた。

今回のクリスマスでわたしはわかったの。

みんなが私を愛してくれているということをはっきりと知ったのよ。

安らかな最期《さいご》

一月十日。オードリーはロバートとラ・ペジーブルの庭で最後の散歩を楽しんだ。

ロバートは言う。

「オードリーのあのみごとな態度がなかったら、最後の日々は地獄と化していたでしょう」

「死の二、三日前まで、彼女はわたしを笑わせようとしていました。わたしのために笑って、ロビー、と言っていました」


笑いをオードリーは大切にしていた。

笑わせてくれる人が大好き。
この世で一番すてきなことは笑うことだって本気で思います。
笑えば、たいがいのことは忘れられます。
たぶん、人として一番大切なことだと思います。

カルカッタのマザー・テレサが「私の大切な尊敬すべき同志オードリー・ヘップバーンに二十四時間、寝ずの祈りを捧げましょう」と呼びかけた。

一月二十日の前夜、ショーンはひと晩中オードリーのそばに座っていた。夜中にオードリーは目を覚まし、身動きせずにじっと遠くのほうを見つめていた。ショーンはたずねた。

「何を考えているの？　気分はどう？　話したいことはない？」

オードリーが何も答えなかったので、ショーンはまたたずねた。

「何か後悔していることがある？」

するとオードリーは言った。

「いいえ……でもなぜこんなに……子どもたちが苦しんでいるのか……わからない」

それからしばらくして言い足した。

「後悔していることがあるわ。ダライ・ラマに会わなかったこと。地球上で一番神に近いところにいる人よ。ユーモアがあって……思いやり深くて……人間的にすばらしい……」

また眠りに落ちた。ショーンが聞いた最後の言葉だった。

結局、手術から二ヶ月足らずの命だった。

オードリーは、一九九三年一月二十日、息をひきとった。苦しむことのない安らかな最期だった。

他人事にしないという正義感

ソマリアでの惨劇を目《ま》のあたりにして、オードリーのうちに沸きおこったのは、悲しみではなく「憤《いきどお》り」、怒りだった。

子どもたちが死に絶えている土地に立ちすくんでオードリーは、誰に憤っていたのか。それはソマリアを内戦に導いたソマリアの指導者たちでもなければ、それを放置していた先進国の指導者たちでもない。

世界のある地域で、そんな惨状を引き起こした「自分を含めた」世界中の人々に対して憤っていたのだ。

オードリーはすべて自分自身に引きつけて考える。ソマリアの惨状を引き起こした根本的な要因。そして、惨状をそのままにしている「自分を含めた」世界の人々。

だから「集団責任」はある、と言い切ったのだ。ソマリアに対して、ソマリアでばたばたと死んでゆく子どもたちに対して、自分自身も責任を感じて、自分自

Message from Audrey

身に対して憤っていたのだ。

ここにオードリーの正義感を見る。他人事にせず、自分自身も含めて、惨劇を起こした人々を糾弾する姿勢。それこそが正義と言えるのではないか。

愛を強く残して立ち去る

オードリーの最期の姿はあまりにもみごとで、あまりにもすばらしすぎて、真似できるとは到底思えないほどだ。けれど、真似できないとしても、せめて、大切な人たちにふたつの「愛を残す」ことは心がけたい。ひとつは、「あなたを愛している」と「愛を伝える」こと。もうひとつは、あなたがいてくれたおかげで自分はとても幸福だったと、「自分の幸福を伝える」こと。

そうすれば、残された者たちは、悲しみのなかでも、あたたかなものに包まれて救われることを、それが本当の愛なのだということを、オードリーは死に瀕したときの、みごとな態度で教えてくれる。

終章 ◇◇◇ 生命力の最も大切なもの

母は愛を信じていました

一月二十四日に葬儀が営まれた。

オードリーが愛した家「ラ・ペジーブル」から村を通って小さな教会まで柩《ひつぎ》が運ばれた。その道に長蛇の列ができた。

告別の儀式は八十三歳の老牧師モーリス・アインディグエルによって執り行われた。オードリーとメルの結婚式、ショーンの洗礼式、そしてオードリーの死の数時間前に臨終の秘蹟を施した、オードリーの人生に長く関わった牧師だった。

息子のショーンがオードリーの好きだった詩、クリスマス・イヴにオードリーが二人の息子に読んだサム・レヴェンソンの詩を読んだ。そしてつけくわえた。
「母は何にもましてひとつのことを信じていました。それは愛です。愛は人を癒し、救い、立ち直らせ、最終的にすべてをいい方向に変えてくれると信じていました」

三十分の儀式のあとで、児童聖歌隊によって賛美歌が歌われた。

オードリーは村の墓地の、ジュネーヴ湖を見下ろす小高い丘の上に埋葬された。シンプルな松材の十字架が立てられた。

「オードリー・ヘップバーン」という名と「生年 一九二九」「没年 一九九三」とだけ記された、オードリーらしく無駄なものはいっさい省かれたシックな墓だった。

使命と希望

最晩年、彼女のクローゼットにはほんの十着ほどのドレスしかなかったといわれる。そのほとんどをチャリティーのために売りに出したからだ。

ファッション大好き、と公言し、ジヴァンシーの服は自分を守ってくれる、とまで言っていたオードリーだったが、人生の本質的に大切なものを見出してからは、服で自分を守る必要はもうなかった。何を着ても、オードリーの行動そのものがシックなスタイルだった。アフリカの土埃のなかでチノパンとポロシャツ姿で痩せた子どもを抱くオードリーは神々《こうごう》しくさえあった。

オードリーのユニセフ親善大使としての活動には、強い使命感があった。

「使命感」とは人生において、真に生きるためには、絶対的に必要なものだと思う。だから人々はそれを求めてさまよう。けれど哀しいかな、それを見つけられる人、感じられる人というのは、そう多くはない。

だから、威厳のある態度で、ぶれない使命感によって慈善活動に没頭できたオードリーに、人々は、ひとつの美しい生き方を見た。憧れた。あのように生きられたらどんなにすばらしいだろうと、夢を見た。

またオードリーは、自分の名声が、悲惨な境遇におかれた声なき人々を救う一助になるという思いに突き動かされて、そして実際、彼らを救った。

それは人生に希望を見いだせないでいる人にとって、暗闇のなかのひとすじの光だった。オードリーの慈善活動へのとりくみに、人々は人としての希望を見た。

事実としても果てしない飢餓が続く地にオードリーは光をあてた。

ひとりの女優が、たしかに世の中を変えたのだ。

愛に飢えて愛を与えて

オードリーの人生を貫いていたもののひとつに「家庭」へのこだわりがある。

幼いときの両親の離婚が彼女に植えつけた「家庭への憧れ」、これがあまりに強すぎたために、もしかしたら二度の離婚を経験したのかもしれなかった。「守りたい」という思いが強すぎて、それを強く抱きしめすぎて、腕のなかで壊してしまったのかもしれなかった。

そんなオードリーが、最高のパートナーに出逢えたとき、選んだスタイルが「結婚をしない」という選択だったことを思うと、感慨深い。

歳を重ね経験を積んでおそらくオードリーは、内面がゆたかに養われ、物事の本質を知る力を身につけたのだと思う。服装などにも象徴される「表面的なこと」を重視しないということだ。財産のことなど、愛以外のややこしい事柄を避けることももちろんあっただろうけれど、「結婚」という社会的な約束事も「表面的なこと」に分類したのだろう。

これは私の憶測だけれど、オードリーが男性に求めた愛は、性愛ではなく抱擁だったような気がする。
そんなオードリーを物足りなく思った恋人、夫はいたかもしれない。わからない。すべては組み合わせの問題なのだ。

けれど、人にはただ、抱きしめて欲しい夜がある。
オードリーはことさらそんな夜を多くもった気が、私にはしてならない。

晩年、オードリーは息子のショーンに言った。

愛は行動なのよ。
言葉だけではだめなの。
言葉だけですんだことなど一度だってなかったわ。

美しく強いヴェール

アンネ・フランクと同じ年に生まれ、陰惨《いんさん》な戦争を間近で体験し、人生に必要以上の悲しみを知った。

幼いときに父親に捨てられたショックを長い間ひきずり、愛情への飢えはおさまらなかった。悲しかった。

バレリーナを目指すが夢破れ、生きてゆくための手段として映画女優となった。スターとなってからも一番欲しいものは「家庭」だった。けれど失敗し続けた。悲しみで何度も崩れそうになった。

ユニセフの慈善活動で地獄のような光景を目のあたりにし、悲しみという言葉ではいいつくせないほどの痛みを、全身全霊で受けとめた。

それでも、それらをすべて覆い隠すほどの美しく強いヴェールを彼女はもっていて、つねにそれを身にまとっていた。六十三年の人生を通じて、それを脱いだことは一度もなかった。それがオードリー・ヘップバーンという人そのものだった。

そのヴェールとは何か。

「気品」という名のヴェールだった、と私は思う。

おそらく、これがオードリーの最大の魅力だろう。これはほかの人たちがもちえない種類のものだった。

足るを知り、周囲の人たちを好ましい雰囲気で包みこみ、美しいものがもちうる価値を、その存在感で伝える、そういう類まれな資質、気品がオードリーにはあった。それがいまもなお多くの人たちから讃えられる真の要素だと思う。

だとしたら、いまの世の中だって捨てたものではない。オードリーの気品を感じとる感受性をもった人たちが少なくはない、ということなのだから。

最後にオードリーが大切にし続けた「愛」についての言葉を紹介して『オードリー・ヘップバーンという生き方』を終わりにしたい。

私たちには生まれたときから愛する力が備わっています。
それは筋肉と同じで、鍛えなくては衰えていってしまうのです。

多忙な毎日のなかでうっかりすると鈍感に磨耗してゆく愛の感受性。「愛するということ」を意識し続けることが重要、とオードリーは言う。
しずかにゆっくりと、まごころのこもった声で教えてくれる。

愛は心の奥深くにある感情、生命力の最も大切なものなのです。

あとがき

冬の気配が残る目黒川の桜並木が薄緑色に萌え、やがて緑の葉が川面に影をつくり、花が満開となり、散り、葉桜の季節が訪れ、暑い夏がきて、いまは強い風が吹けば、乾いた葉がくるくると舞う。

軽井沢から東京に拠点を移して二年目の春、いろいろな巡りあわせがあり、はじめて仕事場というものをもちました。仕事場の隣には現代美術を扱うギャラリーがあって、スタッフの方々もいらして、ひとりこもって書くという環境からずいぶん変化のあるなかで、私はオードリーを書きました。

オードリーというテーマは、担当編集者の岡田晴生さんからの提案でした。私は彼に言いました。「資料を読みこみ、彼女の傷が見えたなら、書きます」。

私にとって長い間、オードリー・ヘップバーンは優等生でした。才能があり、仕事で成功し、結婚もし、子どもも産んで、晩年はユニセフの活動。そう、あまりにも完璧すぎる優等生というイメージ、遠い存在だったのです。

私は決定的に何かが欠けているひとに惹かれるし、そのひとの傷が見えないと、そのひとの本が書けないのです。

それからおよそひと月後、気づけば数十冊のオードリー関連の本、資料が机の上に積み上げられていました。私はオードリーにのめりこみ、彼女の人生をむさぼるように吸収しました。

オードリーは、本文に書いたように美しくも強い気品のヴェールをまとっているひとなので、オードリーにのめりこむほどに、私もそれを身に着けたいという想いが強くなり、背筋が伸びる、そんな状態で書くことができました。

そう考えると、オードリーを書くことを提案してくださった編集者の岡田晴生さんにはふかく感謝せずにいられません。オードリーを書くことによって、いままでの人生でもっとも難しかった時期を乗り越えられたように思えるからです。

最後に。

この本は彼女に捧げようと、わりと早い時期から思っていました。彼女は幼い頃からバレエを熱心に学んでいる中学三年生。ずっと近くにいたこともあって私は彼女をもうひとりの娘のように思っています。その彼女がロシアにバレエ留学することになりました。もちろん激励の言葉を大きな声でおくりますが、同時に、人生にはままならぬことが多いから「いつでももどっておいでね」の言葉もおくりたいと思います。

本書を軽井沢の姪の芽衣ちゃんに捧げます。

二〇一二年　秋ふかまる中目黒の赤い仕事部屋で

再生版あとがき

「オードリー・ヘップバーンという生き方」の出版は二〇一二年の十一月でした。

多くの版を重ね、さまざまな媒体からのインタビュー依頼があり、オードリー・スタイルはやはり不滅、という感を強くしましたが、二〇一六年の六月に大和書房さんから「オードリー・ヘップバーンの言葉」が出版されるとさらにそれは強まりました。

二〇一七年から二〇一八年にかけて日本の各地でオードリーの大規模な写真展が開催されました。

いくつかのトークイベントにお招きいただき、多くの人にオードリーへの想いを語れたことは嬉しいことでした。

写真展は若き日のオードリーの写真が中心で、驚くほどの大盛況。会場を訪れた人たちの表情、まなざしを私はじっくりと観察してしまったのですが、年齢問わずみな、ほんとうに、見ている私が心動くほどにみな、うっとりとオードリーに見惚れていました。

ショップにはさまざまなグッズとともに、私のオードリーの本も置かれていて、どうかたくさんの人が本を買ってくれますように、と願わずにはいられませんでした。

その理由として、もちろん本が売れるにこしたことはないわけですが、それだけではなく、写真展を見て、オードリーの可愛らしさ、美しさにうっとりとして、それで終わってしまったら、オードリーが残念に思うだろうな、と感じたからです。

本を読んでもらえたなら、オードリーの真の姿……コンプレックスがあり、自信もなく、愛に飢え、それゆえに傷つき、ユニセフの活動では悲しみで胸いっぱいにしていた、そんなオードリーが、それでも美しく凛とした人でありえた理由を伝えられると思ったからです。オードリーがその人生をかけて伝えたかったこと、それが多くの人に伝えられると思ったからです。


伝える。そう、オードリーの生き方を伝えることは、「オードリーのユニセフのように私の使命です」とまでは言わないけれど、やはり、私がすべきことのひとつだと思います。

それを体感したのは、二〇一六年の六月のはじめに、京都の西芳寺（苔寺）を訪れたときでした。

本書にも書いた晩年のオードリーが積極的に取り組んだ、世界の庭園をめぐる「庭園紀行」シリーズ。西芳寺の庭はオードリーが特に気に入っていたところ。

「この庭園には、何千年という日本の歴史と日本という国の神秘性、そのものがあります。ここに一歩足を踏み入れた瞬間、古《いにしえ》からの格式と永遠の魅力につつまれて、まるで強い魔法にかけられたようになり、何度でもこの庭を訪れたい、と思います」

こんなふうに語ったオードリーを感じたくて訪れた西芳寺。

苔で有名なその庭で、二十五年くらい前に、同じ場所にたたずんでいたであろうオードリーにひたすら想いを馳せました。

五十代半ばにして、有名になったのはなんのためだったか、「やっとわかった」と言ったオードリー。地球環境を人々に考えてもらうきっかけにしたい、と取り組んだ庭園紀行、そしてユニセフの活動。そこまでにいたる、オードリーの人生のさまざまな色彩。

彼女の生き方を伝えられる機会があるなら、それを最大限に活かさなければ。彼女の人生には、それだけのものが確かにあるのだから。

オードリー、あなたが伝えたかったこと、それは、あなたが伝えたかったことのかけら程度かもしれないけれど、私が伝えます。

庭園で、私はひとり心のなかでオードリーに語りかけました。

そういう意味でも、娘の夢子が設立したひとり出版社「ブルーモーメント」から「オードリー・ヘップバーンという生き方」が再生することは、このうえない喜びです。ほんとうに嬉しいです。

そしてデザイナーの荻原佐織さん。美しく、こだわりのある本を創りたいという娘の情熱に驚くほどに共鳴し、さまざまな提案をし助けてくださったこと、ありがとうございます。

ひとりでも多くの人に、オードリーが伝えたかったことが伝わりますように。

二〇二〇年十一月三日　青いガーベラが飾られた都会の部屋で　山口路子

主な参考文献

「オードリー・ヘップバーン　上・下」
バリー・パリス著　永井淳訳　集英社　1998年

「オードリー　リアル・ストーリー」
アレグザンダー・ウォーカー著　斎藤静代訳　アルファベータ　2003年

「AUDREY HEPBURN　母、オードリーのこと」
ショーン・ヘップバーン・フェラー著　実川元子訳

「オードリーの愛と真実」
イアン・ウッドワード著　坂口玲子訳　日本文芸社　1993年

「エレガントな女性になる方法　オードリー・ヘップバーンの秘密」
メリッサ・ヘルスターン著　池田真紀子訳　集英社　2005年

「オードリーの魅力をさぐる　真の女性らしさとは」
レイチェル・モーズリー著　黒川由美訳　東京書籍　2005年

「こんな生き方がしたい　女優オードリー・ヘップバーン」
古屋美登里著　理論社　2002年

「大女優物語」中川祐介著　新潮社　2010年

「永遠のオードリー・ヘップバーン」
シュプール特別編集　集英社　1993年

「永遠なる妖精　オードリー・ヘプバーン」近代映画社　1987年

「オードリー・ヘップバーン展　Timeless Audrey」カタログ
シーボルトブックス　2004年

「オードリー・ヘプバーン：私のスタイル」
ステファニア・リッチ編　朝日新聞社　2000年

「フラウ　August 1992 Number22」講談社　1992年

「ヴォーグ　ジャパン　July 2012 No.155」
コンデナスト・パブリケーションズ・ジャパン」 2012年

❖「思い出のオードリー・ヘプバーン」(DVD)　コロンビア　1993年

オードリー・ヘップバーン略年表

西暦	齢	事項
1929年		五月四日、ベルギーのブリュッセルに誕生。世界恐慌が起こる。
1935年	6歳	両親が別居。ロンドンの寄宿学校に入学。バレエと出会う。
1938年	9歳	両親が離婚。
1939年	10歳	第二次世界大戦勃発、オランダのアルンヘムへ。
1941年	12歳	バレエ・スクールの公演で好評を博す。
1945年	16歳	第二次世界大戦終結。アムステルダムへ。
1947年	18歳	『オランダの七つの教訓』に端役で出演。
1948年	19歳	イギリス、ロンドンへ。有名なバレエ・スクールに入学。
1949年	20歳	バレエの師より、プリマ・バレリーナにはなれないと言われる。ミュージカルに端役で出演し始める。
1950年	21歳	『天国の笑い声』『若妻物語』『ラヴェンダー・ヒル一味』で小さな役を演じる。俳優のマルセル・ル・ボンと交際。
1951年	22歳	『初恋』で準主役を演じる。『われらモンテ・カルロに行く』撮影時にフランスの作家コレットに見いだされる。イギリスの富豪ジェームズ・ハンソンと交際。NYへ。『ジジ』で初のブロードウエイ主役出演。
1952年	23歳	ジェームズ・ハンソンと別離。
1953年	24歳	『ローマの休日』でハリウッド・デビュー。ジヴァンシーと出会う。メル・ファラーと出会う。
1954年	25歳	『麗しのサブリナ』。舞台『オンディーヌ』。『ローマの休日』でアカデミー主演女優賞受賞。『オンディーヌ』でトニー賞受賞。メル・ファラーと結婚。
1956年	27歳	『戦争と平和』
1957年	28歳	『パリの恋人』『昼下がりの情事』

1959年	30歳	『尼僧物語』『緑の館』
1960年	31歳	ショーンを出産。『許されざる者』
1961年	32歳	『ティファニーで朝食を』『噂の二人』
1963年	34歳	『シャレード』。ケネディ大統領暗殺。
1964年	35歳	『パリで一緒に』『マイ・フェア・レディ』。スイスのトロシュナに住む。
1966年	37歳	『おしゃれ泥棒』
1967年	38歳	メル・ファラーと別居。『いつも二人で』『暗くなるまで待って』
1968年	39歳	メル・ファラーと離婚。アンドレア・ドッティと出逢う。
1969年	40歳	アンドレア・ドッティと結婚。
1970年	41歳	ルカを出産。
1976年	47歳	『ロビンとマリアン』
1979年	50歳	『華麗なる相続人』
1980年	51歳	ロバート・ウォルダーズと出逢う。離婚を申し立てる。
1981年	52歳	『ニューヨークの恋人たち』
1982年	53歳	アンドレア・ドッティと離婚成立。
1987年	58歳	ワールド・フィルハーモニック・オーケストラとともに来日。
		ユニセフ大使としてスピーチをする。
1988年	59歳	最初の視察旅行でエチオピアへ。続けて、トルコ、南アメリカ、中央アメリカへ。
1989年	60歳	『オールウェイズ』。ユニセフ親善大使就任インタビュー。
1990年	61歳	慈善コンサートでアンネの日記を朗読。『世界の庭』シリーズ撮影はじまる。
1991年	62歳	湾岸戦争。反戦のスピーチをする。
1992年	63歳	ソマリアへの視察旅行。
1993年		一月二十日、スイスのトロシュナで永眠。六十三歳。

ブルーモーメントの生き方シリーズ

あなたの繊細さが愛おしい

マリリン・モンロー
という生き方 再生版

五百年に一人、と言われる奇跡の女優。三十六年という短い人生。その最期はミステリアスで悲劇的でしたが、彼女はまちがいなく「大成功した女優」であり「超魅力的なセックスシンボル」であり続けています。けれど彼女は劣等感のかたまりで、とてもとても繊細な人でした。そんな彼女が、すばらしい人間になるために、どんなことを考え、どんなことをしてきたのか。そんなマリリンの生き方が本書には描かれています。

シャネル哲学

ココ・シャネル
という生き方 再生版

人を嫌うのはいけないと思っている人、怒ることはマイナスだと思っている人、同性の友達が少ない人、経済的な自立を願う人、自分のために生きることが難しい人、そして、いったい自分はどんな人間でありたいか、そんなことを真剣に考えているすべての人に贈る、熱くてスパイシーな一冊。

特別な存在になりなさい

ジャクリーン・ケネディという生き方　再生版

──不変なものなど何もない。だから頼れるのは自分自身だけ。これがつらい思いをして私が学んだことよ。時代のアイコンとして世界を魅了した史上もっとも有名なファースト・レディ、ジャクリーン・ケネディ。夫の暗殺、大富豪との再婚、マリリン・モンローやマリア・カラスとの女の戦い、マイケル・ジャクリーンの自伝の出版など、「編集者」としての活動…。生涯を通してマスコミに追われ続け、聖母にされ、悪女にされ、誹謗中傷を浴びたが、つねに周囲の声ではなく自分自身を信じた。過酷な境遇を「強《したた》か」に生き抜いたジャクリーンの人生を、共感をもって描き出す、自尊心という名の小さな炎が心にともる一冊。

ブルーモーメント
代表 Instagram

ブルーモーメント
公式 Instagram

ブルーモーメント
公式ショップ

本書は2012年11月にKADOKAWA/新人物文庫から刊行された
『オードリー・ヘップバーンという生き方』を改題、改稿したものです。

それでもあなたは美しい
オードリー・ヘップバーンという生き方　再生版

2020年12月7日　第1刷発行
2024年9月　第10刷発行

著者　山口路子

発行者　竹井夢子（Yumeko Takei）
発行所　ブルーモーメント
〒150-0002
東京都渋谷区渋谷2-19-15-609
電話　03-6822-6827
FAX　03-6822-6827
MAIL　bluemoment.books@gmail.com
印刷・製本　シナノ書籍印刷株式会社
装丁・DTP　荻原佐織（Saori Ogiwara）[PASSAGE]
表紙写真　Photographed by Milton H. Greene
© 2020 Joshua Greene
www.archiveimages.com
表紙イラスト　會本久美子（Kumiko Emoto）
本文写真　Album、AP、Gamma、Everett Collection、Globe Photos、
Heritage Image、Mary Evans、Mondadori、Moviestore Collection、
Photofest、Picture Alliance、Shutterstock、TopFoto /AFLO

落丁・乱丁はお取り替えいたします。
ISBN 978-4-910426-01-3